AF242511

BIOGRAPHIE

DE

L'ABBÉ FERDINAND MUHE,

CHANOINE HONORAIRE, VICAIRE ET PRÉDICATEUR DOMINICAL
DE LA CATHÉDRALE DE STRASBOURG ;

ACCOMPAGNÉE

DE QUELQUES FAITS RELATIFS A L'HISTOIRE CONTEMPORAINE DE L'ÉGLISE D'ALSACE.

PAR

L'ABBÉ L. CAZEAUX,

CHANOINE HONORAIRE ET CURÉ DE LA PAROISSE DE SAINT JEAN.

STRASBOURG,

TYPOGRAPHIE DE LOUIS-FRANÇOIS LE ROUX,

rue des Hallebardes, 34.

1865.

L'ABBÉ MÜHE.

L'Église de Strasbourg a perdu, dans la personne de l'abbé SIMON-FERDINAND MÜHE, un des plus brillants ornements du sanctuaire. Né à Strasbourg, le 18 juillet 1788, il a cessé de vivre le 3 février 1865, après avoir été vicaire et prédicateur à la Cathédrale depuis 1812, et avoir exercé accessoirement plusieurs autres fonctions qui auraient suffi, à elles seules, pour occuper le prêtre le plus actif. Le souvenir d'une telle existence ne doit pas s'évanouir avec la disparition de celui qui l'a si noblement et si utilement remplie. Le Saint-Esprit, en nous recommandant *de ne point louer un homme avant sa mort*, de peur que la louange ne lui inspire des sentiments de vanité et ne l'expose au danger d'amoindrir ou de perdre ses mérites, insinue par-là même qu'on doit louer, après leur mort, les hommes dont les sentiments, les travaux et les vertus, sont dignes d'être proposés comme exemple aux générations à venir. En effet, si on dresse des statues à la mémoire des hommes qui ont bien mérité des arts, des lettres et des sciences, ou qui ont été, à quelque titre que ce soit, les bienfaiteurs de leur semblables, afin d'exciter une noble émulation dans ceux qui comtempleront leur image; ne convient-il pas de consacrer également, par des trophées d'honneur, les œuvres de la foi et de la charité, de célébrer les combats livrés et les assauts soutenus pour préserver les âmes de la perdition et les conduire à une vie éternellement bien-heureuse ?

Essayons donc, à l'aide de souvenirs personnels, de documents authentiques, de témoins oculaires, de faits notoires, d'esquisser la vie d'un prêtre en qui le peuple catholique pleure un apôtre, le clergé un modèle, les parents un conseiller, la jeunesse un guide, les pauvres un père, tous un ami.

I.

ENFANCE.

Quand on parcourt l'histoire des grands serviteurs de Dieu, on observe dans l'enfance de la plupart d'entre eux des circonstances qui permettaient de présager leur destinée. Le Seigneur se plaît assez souvent à préluder aux œuvres qu'il a dessein d'accomplir, en prévenant par d'abondantes bénédictions ceux qui doivent être entre ses mains d'utiles instruments. Cette conduite de Dieu s'est .visiblement manifestée dans l'homme dont nous retraçons la vie. Ferdinand eut le bonheur de naître de parents foncièrement pieux et celui de se sentir entraîné vers l'état ecclésiastique, à une époque où l'Église de France ne s'était pas encore relevée dès ruines accumulées par la grande révolution.

Comme preuve de la solidité des principes et de la vivacité des sentiments religieux de ses parents, on peut citer d'abord l'honneur qu'eut M. Mühe père d'être mis, pendant la Terreur, sur la liste des suspects, et emprisonné, à titre de bon catholique et de fidèle royaliste, dans les bâtiments du grand séminaire, alors transformé en geôle. Ferdinand obtint la permission de le visiter et de lui porter quelques douceurs. Il est facile de se figurer les consolations que le prisonnier puisait dans les caresses affectueuses et dans les aimables entretiens d'un enfant si orné de naïveté et d'innocence. Ces scènes touchantes nous rappellent Léonide et Origène : Léonide emprisonné, puis martyrisé pour la foi, et Origène qui le visitait dans son cachot, et l'exhortait à souffrir les plus cruels tourments plutôt que de renier Jésus-Christ. Le souvenir de cette détention, qui heureusement se termina par l'élargissement du prisonnier, se renouvela plus vivace que jamais dans l'esprit de Ferdinand, lorsque, plus tard, on lui assigna, pour y entendre les confessions des séminaristes, cette même chambre où son père avait passé tant de jours pleins d'angoisses et tant de nuits sans sommeil. Aussi ne parlait-il de lui qu'avec la plus profonde vénération. Ce digne chef de famille mourut en 1807. Sa mort prématurée fut probablement causée par le chagrin qu'il ressentait de ne pouvoir, par suite de revers éprouvés dans son commerce, remplir certains engagements auxquels Ferdinand s'imposa l'obligation de faire honneur dans les limites de son héritage paternel.

Une autre preuve de l'esprit profondément religieux qui animait les époux Mühe, résulte de leurs relations avec les ecclésiastiques qui étaient restés à leur poste pendant la longue et sanglante tourmente révolutionnaire ; relations qu'ils auraient payées de leur vie, si les tyrans de l'époque en avaient eu connaissance. Strasbourg abritait toute une phalange de ces ministres de Jésus-Christ qui bravaient courageusement la mort pour sauver les âmes de leurs frères. Après la restauration du culte, les catholiques citaient avec un saint orgueil et montraient aux jeunes générations les abbés *Cligné, Colmar, Fickler, Hobron, Käuffer, Kœgelé, Matthias, Pronsal, Schittig* et d'autres, dont les noms méritent d'être conservés dans les annales religieuses de Strasbourg, comme ils étaient écrits au livre de vie. L'un d'eux, l'abbé *Wolbert,* qui avait baptisé Ferdinand, s'étant hasardé à sortir pendant le jour, pour aller administrer un mourant, fut reconnu malgré son déguisement, et guillotiné, le 2 Juin 1794, avec les deux pieuses filles qui lui avaient donné asile. Prévoyant que, tôt ou tard, il pourrait être trahi, il avait fait ses adieux aux catholiques fidèles par un billet ainsi conçu : « Priez pour moi, mes chers enfants, aussi- « tôt que vous apprendrez que je me trouve sous le coup de la mort « que j'espère recevoir, aidé de la grâce de mon Dieu, avec une ré- « signation chrétienne et une fermeté digne d'un prêtre de Jésus-Christ, « comme la grâce sacerdotale du martyre, afin d'aller, sans délai, « jouir face à face de la présence de mon Dieu. C'est près de lui que « je veux être constamment votre père comme de tous mes chers en- « fants spirituels à qui je donne en esprit, pour la dernière fois, le « saint baiser en J.-C. avec ma bénédiction. Tout pour la plus grande « gloire de Dieu. Requiescam in pace ! » La présence de ces dignes ministres de Jésus-Christ procura à la ville de Strasbourg l'inestimable avantage que peu de catholiques y mouraient sans les consolations de la religion, lorsqu'ils avaient un désir sincère de les recevoir.

C'est avec ces généreux athlètes de la foi que Ferdinand fut mis en contact. Il avait l'honneur de leur servir la messe dans les maisons qui leur servaient de cachettes ; il écoutait leurs exhortations, admirait leur grandeur d'âme, et apprenait à connaître ce qu'il y a de sublime dans la mission du prêtre.

Ses parents favorisèrent de tout leur pouvoir le développement du goût que la société de ces saints prêtres avait fait naître dans son cœur pour la carrière sacerdotale. Parmi les moyens qu'ils employèrent avec un plein succès, nous mentionnerons l'établissement, dans l'intérieur de leur ménage, d'une espèce de chapelle où leur jeune fils préludait aux fonctions sacerdotales par une imitation des augustes cérémonies de la Religion. Cette chapelle, que l'on improvisait à certains jours, était pourvue d'ornements adaptés à la taille du prêtre en perspective et de tous les autres objets du culte. On y célébrait des offices complets : grand'messe, sermon, vêpres, avec diacre et sous-diacre, selon les solennités. Le personnel de ce clergé enfantin était composé de Ferdinand et d'un petit nombre de camarades, dont le principal était Théodore Neltner, entré plus tard dans la Compagnie de Jésus. Ces heureux enfants officiaient avec cet esprit de dévotion et cet air de dignité qui conviennent aux fonctions auxquelles ils aspiraient. Aussi les personnes qui étaient admises à ces pieux exercices y assistaient-elles presque avec autant de recueillement que si elles s'étaient trouvées dans un véritable sanctuaire. On put ainsi prévoir ce que Ferdinand serait un jour. Son talent d'orateur sacré se révélait déjà dans les allocutions qu'il adressait à ses camarades et aux autres assistants, et qui plus d'une fois excitèrent autant d'admiration que d'émotion.

L'exemple donné par Ferdinand porta ses fruits. Sur différents points de la ville, des parents pieux arrangèrent de petits autels pour leurs enfants, auxquels les parents Mühe prêtaient avec plaisir, et à tour de rôle, les ornements de leur fils. Celui-ci favorisa le maintien d'une récréation si louable et si utile. Il était depuis plusieurs années vicaire et prédicateur dominical que ses ornements faisaient encore le tour de la ville. On les obtenait par rang d'inscription, et souvent on se les disputait. De temps à autre, l'abbé Mühe encourageait par sa présence ses jeunes imitateurs et provoquait des vocations ecclésiastiques par l'emploi du moyen qui l'avait affermi lui-même dans la sienne.

On peut regretter qu'une coutume si pieuse et si utile se soit affaiblie dans les familles catholiques, si elle n'a pas complétement disparu. Elle serait d'une efficacité incontestable tant pour faire naître le goût de l'état ecclésiastique dans ceux qui posséderaient les dispositions et l'aptitude convenables, que pour assurer la persévérance de ceux en qui la vocation se serait déjà manifestée. D'ailleurs, est-il quelque chose de plus rationnel et de plus légitime que l'emploi d'un pareil moyen ? Considérons ce qui se pratique généralement dans le monde. Un père désire-t-il voir un de ses fils embrasser la carrière militaire, ne cherche-t-il pas de bonne heure à lui en inspirer le goût, en lui donnant, comme étrennes ou cadeaux de fête, de petites armes et d'autres objets faisant partie de l'équipement militaire, et en l'appliquant à des exercices se rapportant aux habitudes des camps? Il en est de même des autres professions. Les parents prévoyants ou intéressés ont recours à tous les moyens capables de faire incliner leurs enfants vers les carrières qui ont leur préférence ou qui sont conformes à leurs goûts personnels. Et plût à Dieu que plusieurs n'allassent pas jusqu'à forcer leur vocation. Pourquoi des parents chrétiens, qui aimeraient à procurer la gloire de Dieu et l'honneur de son Église, ne dirigeraient-ils pas vers le sanctuaire, au moyen de récréations imitées des fonctions sacerdotales, ceux de leurs enfants en qui ils auraient observé une inclination prononcée pour la piété et une véritable aptitude pour le service des autels? La pieuse Anne n'a-t-elle en quelque sorte décidé de la vocation du grand Samuel en l'offrant, dès son bas âge, dans le temple du Seigneur?

II.

JEUNESSE, ÉTUDES.

Ferdinand, qui n'était âgé que de cinq ans, lorsque la révolution éclata, reçut les premiers principes des lettres dans la maison paternelle; car les écoles publiques, qui existaient à cette époque, inspiraient peu de confiance à des parents religieux. D'octobre 1798 jusqu'à septembre 1800, son frère Paul et lui suivirent les cours du gymnase protestant sous la dénomination de Mühe A et de Mühe B.

On s'étonnera peut-être que des parents aussi foncièrement catholiques que les époux Mühe aient confié leurs fils à des maîtres d'un autre culte, surtout entrevoyant le goût du cadet pour l'état ecclésiastique. Cette conduite paraîtra moins surprenante après quelques explications.

Il n'existait alors aucun établissement d'instruction pour les catholiques. Le petit Séminaire, qui inaugura pour eux une ère nouvelle, ne fut ouvert qu'en 1809. Le lycée, créé quelque temps auparavant, et placé sous une discipline quasi militaire, n'était au fond qu'une pépinière de soldats. Restait le gymnase. Or, ce collége n'offrait point, pour la foi, les dangers que l'on trouverait aujourd'hui dans un institut essentiellement protestant. Les maîtres étaient des hommes qui, à les juger par leurs discours, faisaient profession de croire à la divinité de Jésus-Christ ; et leur enseignement empruntait à leur croyance une certaine garantie pour les principes généraux du Christianisme. Pour rendre hommage à la vérité, nous ajouterons que les maîtres ne faisaient point de prosélytisme d'une manière *directe*. Les élèves catholiques, qui fréquentaient le gymnase en assez grand nombre, quittaient tous la classe lorsque celui qui était chargé de l'instruction religieuse arrivait. On ne pouvait toutefois guère s'attendre, de leur part, à une abstention complète ; et l'esprit de propagande saisissait habilement les occasions que le hasard ou les circonstances lui offraient pour agir d'une manière *indirecte*. Nous avons conservé un souvenir très-vivace du tableau émouvant que le professeur d'histoire L..., fit des prétendues persécutions auxquelles Luther fut en butte de la part des Papes, et de l'héroïsme dont le moine apostat fit preuve en brûlant la bulle de Léon X sur la place publique de Wittemberg. Nous avons également retenu la devise par laquelle, selon lui, Tetzel terminait ses sermons : « *Wie das Geld im Beutel klingt, so oft eine Seel in den Himmel springt.* »[1] Afin de rendre ce moine méprisable, il enseignait que, pour faire plus de dupes, il donnait, contre espèces bien sonnantes, des cédules d'absolution qui remettaient non-seulement les péchés que l'on avait commis, mais encore ceux qu'on se proposait de commettre. L'emphase avec laquelle ces fables calomnieuses étaient débitées, allait droit à l'adresse des catholiques.

A part cet empressement à profiter des occasions favorables, les élèves catholiques n'étaient vexés ni par les maîtres, ni par les condisciples.

Si nous nous souvenons de ces attaques indirectes et exceptionnelles, nous nous rappelons également, avec plaisir et reconnaissance, les leçons dont les élèves catholiques pouvaient tirer profit, aussi bien que les protestants.

Le professeur Bronner s'efforçait d'établir entre ses élèves des rapports d'affection mutuelle : « Vous ne serez pas toujours réunis, disait-

---

[1] Argent dans la bourse, âme en paradis.

«il, comme vous l'êtes en ce moment. Dans quelques années vous
«vous séparerez pour embrasser un état ou suivre une carrière avec
«des chances diverses. Les uns verront leurs entreprises couronnées
«de succès, les autres seront malheureux dans leurs affaires. Quel-
«ques-uns deviendront riches, ou occuperont une position distinguée;
«quelques autres resteront dans l'obscurité ou gémiront dans l'in-
«digence. Mais que ceux d'entre vous, qui auront la prospérité en
«partage, se gardent de jamais méconnaître ou de mépriser ceux qui
«seront déshérités par la fortune. Que, loin de rougir de les avoir eus
«pour condisciples et pour amis d'enfance, ils se plaisent à leur té-
«moigner de l'intérêt et à leur rendre toute sorte de services.» — Un
élève, qui devint plus tard le chef d'une grande maison de commerce,
succomba un jour à une tentation contre le septième commandement
de Dieu. Il déroba à ses parents un écu de 5 francs. Ce larcin ayant
été dénoncé au même professeur, le voleur fut interrogé en présence
de tous ses condisciples, convaincu et puni avec un appareil religieux
qui impressionna vivement toute l'assistance.

On comprend que, dans de telles conditions, Ferdinand put conserver, comme élève du gymnase, sa foi intacte, surtout puisqu'il trouvait immédiatement le remède aux préjugés, qui auraient pu effleurer
son esprit, dans les discours et dans les exemples de ses parents, et
particulièrement dans ceux de son aïeule maternelle, Mme Cusinat. C'é-
tait une femme d'une haute piété et d'une parfaite éducation. Ayant
reconnu les heureuses dispositions de son petit-fils, et calculant ce
qu'il pourrait devenir, elle s'imposa la tâche spéciale de former son
cœur. C'est l'opinion de toute la famille que son influence a puissamment contribué à décider la vocation de Ferdinand.

En insinuant que les instituteurs du gymnase semblaient être des
partisans sérieux et sincères de la Confession d'Augsbourg, nous
n'avons pas prétendu que la foi en la divinité de Jésus-Christ n'eût
encore reçu aucune atteinte. Un membre très-distingué du clergé protestant, le Dr Haffner, pasteur à S^t. Nicolas, s'était déjà révélé comme
libre-penseur sur ce dogme fondamental du Christianisme. Il n'at-
taqua pas de front la croyance commune de ses auditeurs. Il prit pour
système de glisser, dans ses sermons, sur cette importante question
ou de s'exprimer d'une manière dubitative. Il parlait de Jésus-Christ
avec une profonde vénération. Il le dépeignait comme le Sauveur
du monde, mais seulement dans ce sens, qu'il fut le restaurateur de
la société humaine, le plus parfait modèle de vertu, le fondateur du

code moral le plus complet et le mieux adapté aux besoins de l'humanité, et, par là, le bienfaiteur sans pareil de ses semblables. Il ne ménageait pas les qualifications élogieuses ; mais il n'allait pas plus loin. Si jamais une profession explicite de la divinité de Jésus-Christ fut pour ainsi dire de rigueur, c'était assurément dans un sermon sur sa nativité, sur sa passion, sur sa mort, sur sa résurrection et son ascension. Eh bien, l'habile docteur trouva le moyen de traiter, même en homme supérieur, ces intéressants sujets sans trahir ses convictions au sujet de la personne de Jésus-Christ, et surtout sans engager ses auditeurs à lui rendre des honneurs divins. Quelquefois il s'exprimait en termes dubitatifs. Dans un sermon qu'il fit le dimanche de la Trinité, et dans lequel il rejette, comme inutiles au but de la religion, les mystères tels que les conçoivent les catholiques, ainsi que les protestants, il dit : «Quant à la doctrine qui traite de la personne de «Jésus, elle est entourée de ténèbres encore plus épaisses. Le seul point «sur lequel le doute n'est point permis à ceux qui cherchent la vérité, «c'est qu'il fut par excellence le favori de la divinité, et que nous «sommes autorisés à le regarder comme un précepteur envoyé pour le «bien de l'humanité, et comme celui qui nous a procuré le salut et le «bonheur dans les plus larges proportions.[1]» Cela veut dire, tout simplement, que Jésus est le plus grand des grands hommes, et que ses bienfaits surpassent en nombre, en qualité et en efficacité tous ceux dont l'humanité a jamais été comblée. On peut donc, sans risquer de se tromper, regarder le Dr Haffner comme le précurseur et le maître des pasteurs qui soutiennent maintenant, à Strasbourg, que Jésus-Christ n'est point Fils de Dieu dans le sens littéral du mot. Seulement il a enseigné, avec une prudente réserve et des réticences calculées, ce que quelques-uns de ses successeurs prêchent sur les toits, c'est-à-dire, dans des sermons *ex professo,* dans des brochures et dans des thèses universitaires.

Arrêtons-nous un moment encore à l'établissement où Ferdinand étudia la grammaire. Le professeur Bronner, qui était en même temps prédicateur à Saint-Nicolas, loin de sacrifier à l'esprit de prosélytisme, enseignait que toutes les religions sont également bonnes. Dans un discours prononcé, le 31 octobre 1817, à l'occasion du troisième jubilé de la réformation, il s'écria : « Nous sommes persuadé

---

[1] *Fest-Predigten,* 2. Theil, Seite 196. Kœnig, 1802.

«que la charité de Dieu s'étend à tous les peuples, et que les *juifs*,
«les *païens* et les *mahométans* ne participeront pas moins que les
«*chrétiens* à la félicité éternelle, dès qu'ils auront exercé la vertu.»

Il ne lui suffit même pas de proclamer l'égalité de toutes les religions devant Dieu, il en admire la multiplicité comme le chef-d'œuvre
moral de l'humanité. Dans un discours, qu'il prononça le 15 juin
1814, à l'occasion de la fête commémorative de la mort de Louis XVI,
en présence de fonctionnaires civils et militaires appartenant à différents cultes, il fit entendre ces paroles : «Il est doux de voir réunis
«dans un même sentiment des chrétiens de différents cultes et de dif-
«férents idiomes : *la diversité dans l'unité fait la perfection. C'est le
«plus beau triomphe de la Religion.* »

Voilà à quelles absurdités on arrive fatalement, lorsqu'on a secoué
le joug de l'autorité. En effet, cette phrase: *la diversité dans l'unité
fait la perfection,* n'a-t-elle pas exactement le sens de celle-ci : *le costume
le plus parfait est un habit d'arlequin?* — Quel spectacle que celui
d'hommes, qui ont vécu et travaillé ensemble comme membres de la
même société religieuse, et entre les opinions desquels il y a, sur l'affaire la plus importante, tout un abîme! A voir les tâtonnements, les
incertitudes, les variations, qui sont les conséquences inévitables du
libre examen, principe fondamental de la réforme, ne dirait-on pas
que Dieu est un Être contradictoire, qui a créé l'homme pour la vérité et l'a, en même temps, condamné à ne la jamais trouver, ou du
moins à n'avoir jamais la certitude de l'avoir trouvée, ce qui, en pratique, est tout à fait la même chose?

Nous ne connaissons pas exactement la direction qui fut donnée
aux études de Ferdinand depuis sa sortie du gymnase jusqu'à son
départ pour Mayence, en 1805. Nous savons seulement que, pendant
une partie de ce temps, il prit des leçons chez Monsieur l'abbé Colmar,
dont la signature figure sur une gravure qui lui fut donnée en prix
le 12 décembre 1806, et qu'il fut l'élève de Monsieur Liebermann,
curé d'Ernolsheim. Cet ecclésiastique, plus tard supérieur du grand
séminaire de Mayence, et auteur d'un cours de théologie très-
estimé, puis vicaire général du diocèse de Strasbourg, fut aussi du
nombre de ces pasteurs héroïques, qui aimèrent mieux s'exposer à
porter leur tête sur l'échafaud que d'abandonner le troupeau confié
à leur soin. Pendant une grande partie des années de proscription, il
se tint caché, soit à Ernolsheim même, soit dans les environs, exer-
çant les fonctions du saint ministère. En 1800, il reparut officiellement

dans sa paroisse, où il fut remplacé par M. Beckmann depuis janvier
1801 jusqu'en juin 1803, époque à laquelle il en reprit l'administration. A partir de là jusqu'à sa mise au secret en 1804, par ordre
de l'empereur Napoléon Ier, il joignit à ses occupations sacerdotales
celle de professeur, en faveur d'une quinzaine d'élèves qui embras-
sèrent presque tous l'état ecclésiastique. La charge de prédicateur à
la cathédrale, et les fonctions de professeur de Rhétorique au petit
Séminaire, dont Ferdinand fut investi de si bonne heure, et qu'il
remplit avec tant d'intelligence et de fruit, nous donnent suffisamment la mesure de ses succès pendant la période de son éducation
privée.

Entré, avec quelques-uns de ses compatriotes, au Séminaire de
Mayence, il s'y distingua immédiatement par sa piété, son application
et ses progrès. On put dès lors prévoir qu'il s'illustrerait un jour
dans la chaire chrétienne. Chargé de prêcher quelques sermons, en
forme d'exercices préparatoires au saint ministère, il s'acquittait de
sa tâche avec une supériorité à laquelle ses professeurs, ainsi que ses
condisciples, rendirent unanimement témoignage.

L'application à l'étude et l'assiduité aux exercices de la piété chrétienne n'étaient point les seules qualités par lesquelles Ferdinand avait
conquis l'affection de ses maîtres et l'estime de ses condisciples. Une
espèce d'épidémie, qui avait envahi le séminaire, révéla en lui le
futur apôtre de la charité. Il fut choisi pour remplir les fonctions
d'infirmier avec M. Kling, aujourd'hui conseiller ecclésiastique dans le
grand-duché de Bade. L'épidémie sévit avec tant de violence qu'il y
eut jusqu'à trente malades à la fois. Ferdinand s'acquitta, pour sa
part, de ses fonctions charitables avec une ponctualité et une ama-
bilité qui laissèrent un souvenir ineffaçable dans l'esprit de ceux qui
furent l'objet de ses soins. Il se sentait heureux d'avoir trouvé l'occasion de s'initier à une œuvre qui devait faire les délices de toute sa
vie. Pendant deux mois entiers, son dévouement fut mis à l'épreuve
sans que sa patience et sa douceur éprouvassent la moindre altération
et sans qu'il laissât paraître la moindre fatigue. Son compagnon,
dont une sainte émulation s'était emparée, se plaît encore à parler
de lui avec les plus grands éloges.

Ce fut pendant qu'il étudiait la théologie à Mayence qu'arriva
pour lui l'époque du tirage au sort. On sait avec quelle rigueur étaient
exécutées les lois de la conscription, durant les grandes guerres du
premier empire. Il fallait présenter de bons titres, et souvent y joindre

des protections puissantes pour obtenir l'exemption. L'approche de cette époque, tant redoutée des familles, inspira les plus vives appréhensions aux parents de Ferdinand. Monsieur Mühe fit auprès du Ministre Portalis des démarches que Monseigneur Colmar, Évêque de Mayence, voulut bien appuyer de sa haute recommandation. Le 2 Mai 1807, jour fixé pour le tirage, était arrivé sans que le Ministre eût répondu. Qu'on se figure les angoisses auxquelles fut en proie son cœur paternel. Laissons le raconter lui-même à son fils les incidents de cette journée : «Mon cher Ferdinand,.... hier samedi, sous la «protection de la très-sainte Vierge, je me suis transporté à la salle «de la mairie pour tirer au sort.... Après être resté dans l'antichambre «parmi une jeunesse plus ou moins mal élevée,.... l'on appela la «lettre M. Lorsque je fus entré dans la salle, le Sieur Marco, avoué et «capitaine de la cohorte, me fit signe d'approcher ; puis il me dit : «père Mühe, bonne nouvelle! S'adressant au Sieur Forest, il lui de-«manda la lettre qu'il venait de recevoir du Préfet, et venant du «ministre des cultes. Il me l'a remise; je la parcours, et je trouve, à «ma grande satisfaction, une exemption nominative pour Ferdinand «Mühe. Quelle surprise agréable pour moi! Quelle fut ma première «idée? Grâces au Père éternel! Vœu de reconnaissance à cette divinité «qui veille sur nous.... Allez, allez, mon cher, auprès de Mon-«seigneur ; dites-lui combien il nous a obligés ; témoignez-lui une «reconnaissance filiale, à lui qui vous a protégé plus que votre père. »

Monsieur Mühe tira néanmoins, pour la régularité des opérations, un numéro sans objet : ce fut 160. En se rappelant cette journée de peines et de joies il put s'écrier avec le prophète royal : «Dans la multitude des douleurs de mon âme, vos consolations ont réjoui mon cœur. » (Ps. xciii, 19.)

Vers la fin de 1808, nous retrouvons Ferdinand à Strasbourg comme élève de théologie. M. Thiébaut Lienhart, avant la révolution bénédictin au couvent de Marmoutier, pieux et savant ecclésiastique, venait de restaurer les études littéraires, philosophiques et théologiques dans son diocèse natal. Il avait fondé le grand Séminaire en 1806, et le petit Séminaire en 1809. Nous n'avons pas besoin de raconter avec quel zèle, quelles difficultés et quels sacrifices il établit cette double pépinière du sacerdoce réduit alors à un si petit nombre de membres. Ce sont des choses connues de tous les prêtres du diocèse. La réputation de science de M. Lienhart, auteur, comme M. Liebermann, d'un bon cours de théologie, et la résolution de se vouer, avec les glorieux débris de l'ancien clergé, au service de l'Église de leur patrie, engagèrent les jeunes gens, qui étaient allés chercher l'instruction au dehors, à revenir à Strasbourg. Le nouveau supérieur se signala par un admirable dévouement. Il donnait lui-même des cours sur toutes les branches des sciences ecclésiastiques et formait en même temps les futurs professeurs. Pour stimuler le zèle de ses élèves, il introduisit au grand Séminaire l'usage des soutenances publiques de thèses. Les matières étaient au nombre de six : *l'histoire ecclésiastique, l'Écriture-sainte, l'hébreu, le grec, le dogme et la morale.*

Sur vingt-quatre élèves qui prirent part aux épreuves de l'année 1809, quatre se présentèrent pour répondre sur toutes les parties du programme. Ce furent MM. *Diemert, Doffner, Fritsch* et *Mühe.*

L'année suivante les mêmes exercices eurent lieu, d'après un programme renforcé et augmenté de l'herméneutique sacrée. Sur trente-deux candidats, six subirent avec honneur un examen public sur toutes les matières proposées. Ce furent MM. *Doffner, Fritsch, Grisez, Mühe, Müller* et *Pimpel.*

Les autres élèves soutinrent également des épreuves publiques. Seulement, en considération des circonstances du temps, le supérieur avait rendu facultatives les branches dont la connaissance n'était pas absolument indispensable.

On voit qu'après la restauration du culte, les études ecclésiastiques furent aussitôt mises sur un pied respectable : ce qui permit de combler un peu plus tôt les lacunes que la révolution et la mort avaient faites dans le personnel du clergé alsacien.

Ferdinand se trouvait donc à Strasbourg, comme à Mayence, parmi les élèves les plus distingués. Aussi le verrons-nous plus tard, investi à juste titre de la confiance de ses supérieurs, honoré de l'estime de ses confrères, entouré de l'affection et de la vénération des fidèles.

III.

SACERDOCE ET FONCTIONS VICARIALES.

A l'époque où Ferdinand allait entrer dans la cléricature, le diocèse de Strasbourg était administré par un évêque dont la nomination avait été accueillie avec une certaine froideur. C'était Monseigneur

Saurine. Lors de la promulgation de la Constitution civile du clergé
de France, il avait eu le malheur de se laisser fasciner et de prêter le
serment exigé. Gobel, évêque de Lidda *in partibus*, lui avait donné la
consécration épiscopale pour l'église de Dax ; et cette consécration avait
été déclarée, par Pie VI, illicite, irrégulière, sacrilége et contraire
aux saints canons. Aussi fut-il suspendu de toutes les fonctions de
l'ordre épiscopal. Mais ayant fait sa soumission, après la conclusion
du Concordat, il fut relevé des censures et agréé par Pie VII pour
l'évêché de Strasbourg, dont il prit possession le 17 prairial an X
(mai 1802), et qu'il gouverna jusqu'au 9 mai 1813.

Comme les fidèles de l'Alsace s'étaient toujours montrés antipathiques aux prêtres assermentés, même après leur rétractation, l'on
comprend qu'ils purent ne point se trouver flattés d'avoir, comme
successeur des illustres prélats d'avant la Révolution, un ecclésiastique
qui se présentait avec de pareils antécédents. Le nouvel évêque, qui
n'était point dépourvu de mérite, aurait pu néanmoins gagner la confiance et l'amour de ses diocésains, s'il n'avait point eu pour les
ecclésiastiques, qui s'étaient trouvés dans les mêmes conditions que
lui, des préférences marquées, comme on le lui a reproché dans un
écrit public. Parmi ces préférences, il en est une qui mérite d'être
mentionnée à l'honneur et à la louange des catholiques Strasbourgeois.
Monseigneur Saurine avait accueilli les offres de service d'un certain
Père *André*, capucin défroqué, qui avait figuré dans les clubs révolu-
tionnaires et y avait même tenu des propos scandaleux. Il lui confia
la chaire de la Cathédrale. Lorsque le nouveau prédicateur parut dans
cette chaire, où il avait eu pour prédécesseur le digne et zélé abbé
Colmar, les fidèles furent saisis d'un telle indignation qu'ils se pré-
cipitèrent hors du lieu saint par toutes les portes.

Si, pendant l'administration de Monseigneur Saurine, l'église de
Strasbourg commença à recouvrer son ancienne splendeur, elle est redevable de cet heureux résultat à l'attitude ferme du peuple catholique, à la prudence et à la sagesse des prêtres restés fidèles, au bon
esprit du clergé nouveau, et, nous aimons à le croire, à une modification qui s'était opérée dans les sentiments du Prélat lui-même à
l'égard de son clergé.

C'est par le ministère de Monseigneur Saurine que Ferdinand fut
initié à tous les ordres sacrés. — Le 26 décembre 1808, il reçut la
tonsure avec les quatre ordres mineurs, et continua ses études théologiques sous la direction de M. Lienhart, dont il gagna l'affection et la

confiance par le rapide développement des qualités par lesquelles il s'était distingué à Mayence, et par l'application et les progrès qui lui avaient valu l'estime de son premier supérieur. — Le 26 décembre 1811, il fut ordonné sous-diacre. — Le 27 du même mois, il fut promu au diaconat; et le 23 mai 1812, il fut élevé au sacerdoce, sur l'une des fonctions duquel il avait anticipé, ayant fait sa première apparition dans la chaire de la cathédrale dès le 2 février précédent. Il faisait alors au grand Séminaire un cours de Liturgie, et au petit Séminaire un cours d'Humanités et de Rhétorique réunies.

Il célébra sa première messe à la cathédrale, le dimanche de la Ste Trinité, dans la chapelle de la Croix, dont l'autel principal était alors disposé de manière à faire face à la croix qui lui a donné son nom. Cette auguste cérémonie qui, depuis longtemps, n'avait eu lieu à Strasbourg, du moins avec une pareille solennité, et la réputation que s'était déjà acquise le nouvel officiant, avaient attiré les catholiques de tous les quartiers de la ville. A cette occasion l'on entendit rappeler et répéter ce pieux et énergique dicton populaire : *« qu'une première messe est une source si féconde en bénédictions et en grâces, que l'on devrait, s'il le fallait, user des semelles de fer pour pouvoir y assister.»*

Comme l'abbé Mühe était depuis longtemps désigné pour les fonctions de vicaire à la cathédrale, il y fut installé, en cette qualité, immédiatement après son ordination. Il remplit ces fonctions en vertu d'une nomination verbale jusqu'au 2 janvier 1814, époque à laquelle il reçut son titre officiel.

Lorsqu'il débuta dans le ministère pastoral, la paroisse était administrée par M. Jean-Jacques-Henri Vion, natif de Schlestadt. Comme il revient à cet ecclésiastique une part dans plusieurs des œuvres entreprises et exécutées par l'abbé Mühe, il est juste qu'il soit consacré quelques lignes à sa mémoire.

Jeune prêtre au commencement de la Révolution, l'abbé Vion quitta la France sous un déguisement, en 1793. Son évasion, qui était une protestation contre la Constitution civile du clergé, coûta cher à sa famille. Sa mère et deux de ses sœurs furent mises en état d'arrestation, comme coupables d'avoir favorisé ou de n'avoir pas empêché leur fils et frère de se rendre en pays étranger. Les trois femmes subirent, pour ce crime imaginaire, une détention de deux années à Champlitte, dans la Haute-Saône.

Le jeune émigré se rendit à Mannheim qui, à cette époque, faisait partie des domaines de Maximilien, Duc de Deux-Ponts, et offrit ses

services au clergé de la ville. S'étant fait remarquer par son talent
oratoire, le Duc l'appela à sa cour et l'y attacha en qualité de prédicateur. L'abbé Vion sut profiter de sa bonne fortune. Il acquit dans
ses relations avec des familles princières une connaissance parfaite de
la langue allemande, une politesse exquise et ces manières distinguées,
par lesquelles il s'est constamment fait remarquer. A la restauration
du culte il rentra en France et fut nommé, dans sa ville natale, curé
de la paroisse de Ste-Foi. En 1811, il fut appelé à Strasbourg et pourvu
du titre de Chanoine-Archiprêtre de la Cathédrale.

On ne pouvait faire un meilleur choix. Comme il joignait aux avantages, que nous venons d'énumérer, un caractère calme et une connaissance étendue des affaires administratives et même diplomatiques, il
était, dans ces temps encore si difficiles, éminemment capable de
figurer dignement à la tête de la première paroisse du diocèse. Aussi
fut-il jusqu'à la fin de sa vie dans les meilleurs rapports avec les diverses autorités. Il jouissait, auprès de tous les hauts fonctionnaires,
d'un tel crédit qu'il éprouva rarement, pour ne pas dire jamais, un
refus de leur part. Il était d'une obligeance inépuisable. Plus d'une
fois il fit à telle autorité supérieure des politesses onéreuses pour lui,
en faveur d'un pauvre curé de campagne qui avait des affaires con-
tentieuses et dont la cause lui paraissait juste.

Dans ses relations avec les hauts dignitaires la religion n'était
point oubliée. A l'approche des grandes solennités, il les invitait aux
offices par lettre autographe ; et ces Messieurs s'excusaient, par
écrit et à l'avance, lorsque des affaires les empêchaient de répondre à
l'invitation.

Avec de pareilles qualités, M. Vion ne pouvait qu'apprécier son
jeune vicaire et se féliciter de sa collaboration. Si l'abbé Mühe put
exécuter une foule de choses qui, rigoureusement parlant, étaient en
dehors de ses devoirs, c'est aux excellentes dispositions de son curé qu'il
était redevable de cette grande liberté d'action. Quoique M. Vion s'oc-
cupât peu de certains détails de l'administration paroissiale, son appui
ne faisait jamais défaut à celui de ses vicaires qui se mettait à la tête
de quelque œuvre de piété. C'est ainsi qu'à l'occasion de l'établissement
des exercices du mois de Marie, en 1829, il monta un des premiers
en chaire pour recommander et encourager, par son éloquente parole,
cette belle et utile dévotion.

Nous n'entrerons dans aucun détail sur la manière dont l'abbé Mühe
a rempli ses devoirs de vicaire. Les catholiques de Strasbourg savent,

soit pour en avoir été les témoins, soit pour l'avoir appris par tradition, combien le service du saint abbé était compliqué et pénible à cette époque. D'une part, les fidèles, qui avaient subi les dures privations imposées par la longue interruption de l'exercice du culte, paraissaient revenus à la ferveur des premiers siècles et se montraient avides de la parole de Dieu et des sacrements; de l'autre, le clergé, trop peu nombreux pour répondre aux désirs et aux besoins qui se manifestaient, était surchargé de travail. Telle paroisse, comme celle de Sainte-Madeleine, qui est administrée aujourd'hui par un curé dans la force de l'âge avec trois vicaires, avait alors pour pasteur un vieillard secondé par un seul vicaire. La paroisse de la Cathédrale n'était pas mieux pourvue sous le rapport du personnel actif. L'abbé Mühe n'eut, pendant bien des années, pour collègues au vicariat, que M. *Leroux*, ancien Jésuite, qui était un vieillard infirme, et M. *de Kaczorowsky*, qui frisait déjà la vieillesse.

Quand on se reporte à cette situation, on ne peut s'étonner assez que l'abbé Mühe soit arrivé jusqu'à l'âge de près de 77 ans. En effet, ses prédications avaient attiré à son confessionnal un nombre prodigieux de pénitents; et le soin de tant de personnes, qui affluaient de toutes les paroisses, demandait non-seulement beaucoup de temps, mais l'obligeait encore à visiter une foule de malades dans tous les quartiers de la ville. A la maison, on ne lui laissait pas le temps de manger ni presque celui de dormir. A peine s'était-il mis à table que déjà un grand nombre de visiteurs stationnaient dans son corridor. Pour satisfaire tout le monde il interrompait plusieurs fois son dîner, et plus d'une fois ce dernier resta incomplet. Sa famille avait, à la vérité, pris des précautions pour qu'on ne laissât entrer les visiteurs qu'à une certaine heure. Mais ces précautions devenaient la plupart du temps inutiles; car, comme il lui arrivait rarement de rentrer à heure fixe, et qu'il ne commençait fréquemment ses repas qu'au moment où il aurait dû quitter la table, les dérangements étaient à peu près réguliers, ce qui n'était certes pas un élément de santé et de longue vie.

Outre le sermon du matin, l'abbé Mühe fit, pendant plusieurs années, le catéchisme de persévérance dans l'après-dînée. Il dut se charger, dès son entrée en fonctions, du catéchisme des garçons, tant allemands que français, qui se préparaient à la première communion; et il le continua pendant plus de quarante ans. La récitation du bréviaire et la préparation des sermons prélevaient aussi une partie des journées déjà si remplies.

Joignez à tant d'occupations des actes d'obligeance sacerdotale presque sans nombre. Il était littéralement obsédé de demandes et d'invitations. Aux fêtes patronales, aux fêtes de confrérie, aux solennités extraordinaires, on le réclamait de toutes parts comme prédicateur, nonseulement en ville, mais encore à la campagne, parce que l'on savait que la foule le suivait partout. A ces fonctions ordinaires et extraordinaires vinrent s'ajouter celles d'aumônier à l'École normale, celles de confesseur dans les deux Séminaires, celles de directeur d'associations pieuses et d'autres charges qu'il s'était imposées dans l'ardeur de son zèle, et dont nous aurons occasion de parler ailleurs.

<h2 style="text-align:center">IV.</h2>

DÉVOTION EN L'HONNEUR DE SAINT LOUIS DE GONZAGUE, DE SAINT FRANÇOIS-XAVIER ET DE LA DIVINE-ENFANCE DE NOTRE SEIGNEUR JÉSUS-CHRIST.

Quand on veut élever un édifice spirituel ou moral, il faut observer les mêmes règles que lorsqu'il s'agit d'un édifice matériel : il faut lui donner un solide fondement. Après la longue interruption qu'avait éprouvée l'exercice public du culte catholique, la société religieuse avait besoin de se reconstituer ; et, pour des générations qui avaient grandi dans une ignorance de plus d'un genre, ce travail était malheureusement ralenti par l'état de guerre qui continua de subsister en Europe, après la restauration du culte, jusqu'à l'époque de triste mémoire où le héros de la France du XIXe siècle se vit enchaîné, sans espoir de délivrance, au roc de Ste-Hélène.

L'abbé Mühe tenta les plus grands efforts pour inspirer l'esprit de piété aux jeunes générations qui étaient comme le fondement de la société nouvelle. Pour assurer, autant que possible, la persévérance de ceux qui avaient été admis à la première communion, il ressuscita, en leur faveur, de concert avec son ami et confrère Th. Neltner, l'antique dévotion des *six dimanches* en l'honneur de S.-Louis de Gonzague, dévotion autorisée et enrichie d'indulgences, dès l'année 1739, par Sa Sainteté Clément XIII. Les fonctions de prédicateur dominical lui fournissaient une occasion permanente de faire connaître les avantages et de contribuer à la diffusion de ce moyen de salut et des autres qui furent successivement mis en œuvre. Les exercices en furent inaugurés dans la chapelle de la Croix, devant un modeste autel surmonté d'un tableau de *Daniche*, représentant l'illustre patron de la jeunesse. La première année, les deux abbés distribuaient chaque dimanche une nombreuse collection de manuels pour initier les assistants aux prières et au chant de l'office, à l'issue duquel ces manuels étaient fidèlement restitués. Cette dévotion fut accueillie avec la plus grande faveur et se propagea avec une étonnante rapidité. Elle excita parmi la jeunesse catholique des deux sexes un tel enthousiasme que les communions étaient aussi nombreuses qu'aux fêtes les plus solennelles de l'année, et que la vaste nef de la Cathédrale offrait, aux exercices du soir, le même aspect que lorsque, plus tard, des prédicateurs de renom y faisaient entendre leur voix éloquente. Toutes les paroisses de la ville y envoyaient leur contingent tant en auditeurs qu'en prédicateurs. Ce résultat fut pour l'abbé Mühe une immense consolation et un puissant encouragement.

La dévotion des *six dimanches* s'est non-seulement conservée à Strasbourg, où elle continue d'être célébrée avec solennité ; mais elle a été successivement établie dans les campagnes ; et aujourd'hui encore les exercices en sont pratiqués, avec des fruits incontestables de salut, dans un très-grand nombre de paroisses rurales.

Le rétablissement de la dévotion des six dimanches fut bientôt suivi du rétablissement de la Neuvaine en l'honneur de S. François-Xavier, Apôtre des Indes et du Japon. L'origine de cette neuvaine remonte à un miracle qui est arrivé à Naples, et dont l'authenticité fut reconnue par le Pape Urbain VIII. Le Père Mastrilli, de la Compagnie de Jésus, se trouvant dangereusement malade, demanda à Dieu sa guérison par l'intercession de saint François-Xavier. Le Saint lui apparut, le guérit instantanément et lui ordonna de se rendre au Japon où il aurait l'insigne bonheur de répandre son sang pour la foi. Tout se passa comme l'illustre fils de saint Ignace l'avait ordonné et prédit. C'est ce Père Mastrilli qui fut l'instituteur et le propagateur de la neuvaine qui, dès le milieu du siècle dernier, était à Strasbourg l'objet d'une pieuse association, approuvée à Rome et dotée d'indulgences.

Ces honneurs rendus chaque année, pendant neuf jours, à saint François-Xavier, et ces prières adressées à Dieu par son entremise, avaient un double but dans l'intention de l'abbé Mühe. Ils devaient être d'abord un moyen d'affermir les fidèles dans la foi, par l'exemple et l'intercession de celui qui l'avait si puissamment affirmée et défendue, au temps de la prétendue Réforme, en renouvelant les prodiges par lesquels saint

Paul avait étonné, ébranlé et en partie converti le monde païen. Ces exercices devaient, en second lieu, former un concert de prières pour le succès des missions étrangères. A ce dernier titre, cette neuvaine était une préparation des esprits et des cœurs pour l'OEuvre de la propagation de la foi aujourd'hui si répandue en Alsace. Cette dévotion subsiste encore ; mais elle n'est pas aussi populaire à la campagne que celle des six dimanches.

Pour conserver les fruits de ces deux pratiques de piété, l'abbé Mühe établit deux associations (Bündnisse), dont les membres prenaient certains engagements qui leur fournissaient l'occasion de recourir journellement à l'intercession du modèle par excellence de la jeunesse chrétienne, et à celle du nouvel apôtre des nations.

Nous ne saurions douter que ces moyens n'aient contribué efficacement à consolider la foi et à faire fleurir la piété parmi les catholiques d'Alsace.

Pour ne pas nous écarter trop sensiblement de l'ordre chronologique, nous placerons ici l'historique de la dévotion en l'honneur de la divine Enfance de N. S. J. C., également établie par les soins de l'abbé Mühe. Mais, comme on a critiqué parfois le moyen qu'il a employé pour rendre en quelque sorte sensibles les mystères de cette divine Enfance, nous jugeons à propos de faire préalablement connaître les motifs qui l'ont fait agir ainsi que le but qu'il s'est proposé.

Loin de considérer les représentations, connues sous le nom de *crèches*, simplement comme une espèce de spectacle pieux pour des enfants, il les regardait au contraire comme des choses très-sérieuses et éminemment instructives pour les fidèles de tous les âges.

De tout temps l'Église s'est efforcée, dans l'exposition des mystères de la religion, de se mettre à la portée des intelligences les moins cultivées. Que n'a-t-elle point fait pour graver dans nos esprits et faire sentir à nos cœurs tout ce que Jésus-Christ a souffert pour nous délivrer du péché et de la mort éternelle ! Ici, elle décore un sanctuaire d'une série de tableaux, représentant les scènes les plus touchantes de la passion du Sauveur. Là, elle expose à nos regards ces mêmes scènes artistement sculptées et placées, de distance en distance, sur le penchant d'une colline qui, sous le nom de Calvaire, nous rappelle les endroits où des incidents douloureux obligèrent Notre Seigneur de s'arrêter dans la voie qui conduisait du Prétoire de Pilate au lieu de son supplice. A tous ses enfants elle recommande, avec instance, d'exposer, dans le lieu le plus apparent de leur habitation, l'image de

Jésus crucifié, comme une profession solennelle qu'ils se font gloire d'être ses disciples.

Le mystère de l'Incarnation n'étant pas moins important que celui de la Rédemption, pourrait-on employer trop de moyens pour en rappeler le souvenir, en faire comprendre la grandeur, en faire apprécier les bienfaits? Or les crèches sont d'une efficacité aussi incontestable pour méditer, avec piété et fruit, les circonstances de la naissance et de l'enfance du Fils de Dieu, que le sont les chemins de croix, les calvaires, les crucifix pour nous rendre facile et agréable la considération de ses souffrances et de sa mort.

Tels sont les principes qui ont dirigé l'abbé Mühe; et ces principes sont fondés sur les Saintes-Ecritures dans lesquelles le Messie promis est annoncé comme Enfant et comme Enfant-Dieu. Ils sont de plus autorisés par la pratique de quelques-uns des saints les plus illustres de l'Église : de saint Jérôme qui, voulant terminer ses jours dans la Terre sainte, préféra Bethléhem à Jérusalem, pour être plus près de l'étable où naquit l'Enfant Jésus; — de saint François d'Assise qui, pour manifester ses pieux et tendres sentiments envers le divin Enfant, organisa une crèche et devint ainsi le fondateur de cette manière d'honorer la naissance du Fils de Dieu; — de saint François de Sales qui, tout embrasé d'amour pour l'Enfant-Dieu, embaumait quelques-unes de ses lettres du parfum de sa piété affectueuse pour *le cher petit enfant de Bethléhem* dont il parle avec une naïveté inimitable. [1]

L'abbé Mühe, considérant que, dans la personne du savant Jérôme, du séraphique François et de l'aimable évêque de Genève, l'antiquité, le Moyen-Age et les siècles modernes s'étaient prosternés devant la crèche, se sentit irrésistiblement entraîné à les imiter et à leur procurer des imitateurs.

---

[1] Nous ne pouvons résister au plaisir de faire une citation. Voici ce qu'il écrivait, le 18 décembre 1619, à une religieuse de la Visitation : « Voilà le sainct et aymable petit Jésus qui va naistre en nostre commémoration ces festes-cy prochaines; et puis qu'il naist pour nous venir visiter de la part de son Père Eternel, et que les Pasteurs et les Roys le viendront réciproquement visiter en son berceau, je croi qu'il est le Père et l'Enfant tout ensemble de saincte Marie de la Visitation. Or sus, caressez-le bien ; faites-lui bien l'hospitalité avec toutes nos sœurs: chantez-lui bien de beaux cantiques; et surtout adorez-le bien fortement et doucement ; et en lui sa pauvreté, son humilité, son obéyssance et sa douceur, à l'imitation de sa très-saincte Mère et de saint Joseph : et prenez-lui une de ses chères larmes, douce rosée du ciel, et la mettez sur votre cœur, afin qu'il n'ayt jamais de tristesse que celle qui résiouyt ce doux enfant. »

Le pieux abbé plaça sa première crèche dans une chambre de la maison paternelle. C'était une représentation, en petites dimensions mais dans un assez bon goût, de l'étable et de la ville de Bethléhem. Ce coup d'essai attira immédiatement une foule de visiteurs. Ayant observé la bonne impression que cette exposition avait produite, il résolut de lui donner de plus grandes proportions et de l'établir dans un local plus spacieux.

Une nouvelle crèche, exécutée sur un plan plus vaste, eut pour première station la chapelle de Saint-Laurent à la Cathédrale, et pour seconde celle du Grand-Séminaire. Elle fut exposée dans l'église de Saint-Etienne, lorsque ce sanctuaire eut été rendu au culte en 1823, et que le Petit-Séminaire eut été installé dans une partie de l'enclos qui le renferme aujourd'hui. Lorsque cet établissement fut transféré à Saint-Louis, l'abbé Mühe monta sa crèche dans la chapelle du cloître de Saint-Pierre-le-Jeune. Ce local ayant été reconnu insuffisant, elle fut exposée, deux années de suite, dans l'église de Saint-Jean. L'église de Saint-Etienne étant devenue chapelle du collége Saint-Arbogast, l'abbé Mühe fut autorisé à y réinstaller sa crèche. Mais, pour diverses raisons, l'on se vit forcé d'inviter l'abbé à se pourvoir d'un autre local ; et il se tourna de nouveau vers Saint-Jean où il reçut l'accueil le plus empressé.

Si nous sommes entré dans ces détails, qui pourront sembler minutieux, c'est que, parmi toutes les œuvres, à la propagation desquelles l'abbé Mühe s'était dévoué, la dévotion de la Divine-Enfance était celle qui paraissait lui tenir le plus à cœur, pour laquelle il a fait les plus notables sacrifices matériels, qui lui a causé le plus de soucis, et dont il désirait le plus vivement le maintien. Le sort de sa crèche l'occupa souvent et sérieusement pendant les dernières années de sa vie ; et il ne voulut point mourir sans avoir la consolation de savoir que cette œuvre serait continuée.

Si l'on réfléchit que, dans l'intention de l'abbé Mühe, la dévotion de la Divine-Enfance avait pour but principal de faire mieux connaître et apprécier le mystère de l'incarnation et d'exciter dans tous les cœurs de plus vifs sentiments de gratitude pour cet ineffable don de la divine miséricorde, on ne s'étonnera pas de l'insistance avec laquelle il s'efforçait d'assurer, par tous les moyens, la durée des exercices de cette dévotion.

V.

ÉTABLISSEMENT DE LA CONFRÉRIE DU BON-PASTEUR.

L'abbé Mühe était animé d'un zèle qui le poussait à multiplier les moyens propres à le conduire à son but. Il savait que, dans le domaine de la piété, l'unité des croyances n'empêche nullement la diversité des goûts ; que telle dévotion, qui n'a aucun attrait pour quelques-uns, exerce sur d'autres une puissante influence ; et que certains exercices pratiqués de distance en distance suffisent pour maintenir ceux-ci dans la bonne voie, tandis qu'il en faut de plus fréquents à ceux-là pour qu'ils persévèrent, soit dans leur première ferveur, soit dans leur conversion.

Parmi les œuvres pieuses, entreprises conformément à ce principe, la confrérie du *Bon-Pasteur* occupe un rang distingué. L'abbé Mühe en avait formé le projet dès l'année 1818. A cette époque il inaugura, à la Cathédrale, un cours d'instructions sur les évangiles des dimanches et des fêtes, auquel étaient admis non-seulement les jeunes gens qu'il avait lui-même préparés et admis à la première communion, mais encore ceux des autres paroisses, sans préjudice toutefois pour les catéchismes de persévérance. Son intention était de former une association destinée à prémunir les jeunes apprentis et, par suite, les ouvriers contre les dangers auxquels ils sont exposés dans l'atelier. Ce fut une admirable et salutaire conception. Cependant l'abbé Mühe ne se pressa point de donner à cette œuvre sa forme définitive. Il s'appliqua, pendant plusieurs années, à recruter des jeunes gens dans tous les quartiers de la ville. La forme intéressante de ses instructions, son affabilité envers ceux qui se présentaient pour les entendre, l'esprit de sainte propagande qu'il sut inspirer à ses jeunes auditeurs, portèrent des fruits abondants, de sorte que chaque année vit s'augmenter le nombre des futurs associés.

Lorsqu'il crut le projet assez mûr et les esprits disposés à accueillir favorablement ce nouveau moyen de salut, il fit rédiger les statuts de l'association, en détermina les fêtes, sollicita et obtint pour elle de Sa Sainteté Léon XII une solennelle confirmation avec des indulgences.

Cette association ne reçut pas tout de suite la dénomination de confrérie du *Bon-Pasteur*, mais celle de confrérie du Sacré Cœur de Jésus, au rétablissement de laquelle elle devait préparer les voies. Son berceau fut la petite sacristie de la Cathédrale. Lorsque ce local fut devenu insuffisant, les réunions se tinrent dans la chapelle de saint Jean-Baptiste. Comme le nombre des associés croissait de semaine en semaine, cette chapelle ne tarda pas elle-même à être trop étroite. Que fera l'abbé Mühe, lui qui aurait voulu rassembler tous les jeunes gens de la ville? Une heureuse pensée illumina son esprit.

L'académie était alors en possession des bâtiments du grand Séminaire. Comme le recteur, M. Laborie, était un homme foncièrement religieux, l'abbé Mühe sollicita de lui la faveur de pouvoir tenir les réunions de ses jeunes associés dans la chapelle de cet établissement. Le recteur se fit un plaisir de mettre ce local à la disposition du pieux ecclésiastique, pour lequel cette obligeante concession était du plus grand prix. C'était en 1820.

Déjà l'association avait revêtu la forme d'une confrérie en règle, pourvue de dignitaires et de fonctionnaires. Le premier préfet fut M. Axinger, aujourd'hui curé d'Erlenbach, et le premier secrétaire, M. de Cornemont, actuellement fondé de pouvoirs de M. le Receveur général du Bas-Rhin. Il y avait un conseil dans lequel toutes les paroisses étaient représentées, — des assistants, — un trésorier, — un sacristain, — un portier, — un lecteur, — un instructeur, — des surveillants chargés de noter les absents.

L'association reçut un règlement contenant autant de chapitres qu'il y a de dignités et de fonctions, et indiquant les qualités et les vertus par lesquelles devront se distinguer ceux qui en seront revêtus. Ce règlement est un véritable monument de sagesse. On ne saurait rien rédiger de plus complet pour une pareille œuvre. Rien n'y est oublié; tout y est prévu. C'est un petit code de lois digne de servir de modèle pour toutes les associations de ce genre. Une société de jeunes gens, dans laquelle ce règlement serait strictement observé, réaliserait assurément tout ce que l'on peut désirer dans l'intérêt et pour l'avenir de la jeunesse catholique.

Pendant que cette association se développait pour la consolation de son fondateur, le diocèse de Strasbourg fut réjoui par la nomination du Prince Maximilien-Juste de Croï au siége épiscopal vacant depuis 1813. La satisfaction fut réciproque; car le nouvel évêque n'était pas un étranger pour les catholiques de l'Alsace, attendu qu'il avait été, avant la Révolution, membre du chapitre des vingt-quatre comtes.

C'étaient des chanoines qui, entre autres conditions d'aptitude, avaient dû produire les titres d'au moins seize quartiers de noblesse. Chacun de ces chanoines avait son prébendier, c'est-à-dire, un ecclésiastique qui, surtout en cas d'absence, le remplaçait à l'office canonial. Le dernier de ces prébendiers qui exerça le saint ministère à Strasbourg, après la Révolution, fut M. Toussaint Annion qui mourut chanoine de la cathédrale, le 21 mai 1838.

L'élévation du Prince de Croï sur le siége épiscopal fut acclamée avec enthousiasme, tant parce qu'elle faisait cesser la longue viduité de ce siége, que parce que l'on était persuadé que le nouvel évêque procurerait enfin au diocèse les avantages qui, depuis des années, faisaient l'objet des vœux du clergé alsacien.

A l'arrivée du Prince-Évêque, le grand et le petit Séminaire étaient réunis dans l'hôtel de la Prévôté, rue de la Nuée-Bleue. Ce local était relativement si exigu qu'un pensionnat d'une soixantaine d'élèves y aurait à peine été à l'aise. Que l'on se figure l'état de gêne dans lequel se trouvaient des établissements aussi précieux qu'indispensables ! Force fut de recourir à des expédients qui avaient des inconvénients très-graves. Sans parler des élèves du grand Séminaire dont seulement une partie pouvait loger dans le bâtiment qui lui était affecté, plusieurs classes du petit Séminaire étaient dispersées dans la ville. Quelques salles servaient même successivement à deux classes, d'où résultaient du désordre et de l'insalubrité.

Dès 1814, le chapitre de la Cathédrale avait adressé au gouvernement, au nom de tout le clergé, les réclamations les plus pressantes en revendication des bâtiments de l'ancien grand Séminaire. On lira sans doute avec plaisir et intérêt les motifs sur lesquels se basaient ces réclamations.

« L'édifice réclamé par le diocèse de Strasbourg a été bâti, pendant
« les dernières années de l'épiscopat du Cardinal Constantin de Rohan,
« par ses libéralités et par les contributions du clergé, sur l'emplace-
« ment de l'ancien séminaire qui tombait en ruines. Le terrain appar-
« tenait de toute ancienneté à l'église ; sa possession remontait aux
« premiers temps de l'établissement de la religion chrétienne à Stras-
« bourg. .... Sa reconstruction n'a été en aucune manière à la charge
« ni de l'État, ni des fidèles du diocèse ; l'évêque et son clergé en ont
« fait seuls tous les frais. S'il est une possession fondée sur des titres
« incontestables, c'est bien celle-là.

« Ce n'est pas tout : cet édifice, rebâti pour être un séminaire,

« semble, par les précautions qui ont été prises, ne pouvoir pas avoir
« d'autre destination. Aussi, lorsque les acquéreurs des biens d'église
« se sont jetés avidement sur les autres édifices ecclésiastiques de la
« ville, celui-là seul est resté invendu. Les juifs même n'en ont pas
« voulu. Ils n'eussent pu en tirer parti que par la vente des matériaux ;
« et il leur en aurait plus coûté pour le démolir qu'ils n'en eussent
« retiré. Son architecture, aussi austère que solide, semble lui avoir
« assuré une durée égale à celle de la Cathédrale elle-même à laquelle
« il est, pour ainsi dire, *incorporé*. Quant à sa distribution, elle est
« telle qu'elle ne peut convenir qu'à un pensionnat ou à un séminaire. »

N'est-il pas étonnant que des démarches si fortement motivées
n'aient eu aucun résultat? L'opposition était le fait de l'Université
qui s'était emparée de ces vastes bâtiments, pour y établir l'Académie
et l'École normale, en vertu d'un décret impérial du 14 juillet 1812.

Telle était encore la situation en 1820. La nomination du Prince
de Croï ranima soudain toutes les espérances; et cette fois l'attente
des catholiques ne fut point trompée. Le Prélat, à peine installé,
s'occupa sérieusement de cette grande et importante affaire, et fut
assez heureux pour la mener à bonne fin, pendant la trop courte durée
de son administration. Dès 1823, le grand Séminaire put être rétabli
dans ses anciens bâtiments. — Si le Prince-Évêque n'avait rendu que
ce seul service au diocèse, on lui devrait une éternelle reconnaissance.

Le petit Séminaire eut sa part dans cet heureux événement. Car la
restitution des bâtiments du grand Séminaire fut suivie de l'autorisation de célébrer de nouveau le culte divin dans l'ancienne église de
Saint-Étienne qui, après avoir été transformée en magasin pendant
la Révolution, était devenue salle de théâtre sous le premier empire.
Le petit Séminaire put alors être établi, partie dans un bâtiment con-
tigu à cette église, partie dans le bâtiment où se trouve aujourd'hui
le collége de Saint-Arbogast.

Personne ne fut plus empressé de tirer avantage de ce nouvel état
de choses que l'abbé Mühe. Il transporta immédiatement la confrérie
du Sacré Cœur de Jésus dans l'église de Saint-Étienne, où elle avait
eu son siége et son centre avant la Révolution, et procéda à l'organisation définitive de celle du Bon-Pasteur, qui comptait déjà plus de
trois cents membres recrutés tant parmi les élèves du petit Séminaire,
que parmi les apprentis et les ouvriers célibataires de la ville.

La confrérie du Bon-Pasteur a rendu, pendant une longue série
d'années, les services que quelques associations nouvellement créées

sont destinées à rendre ; et elle sera encore, à côté d'elles, une auxiliaire très-utile, si elle est maintenue et encouragée.[1] Comme cette
confrérie n'a jamais offert à ses membres, outre les secours spirituels,
ces récréations que les associations récentes croient devoir procurer à
leurs associés, pour se conformer à l'esprit du temps, le zèle de ceux
qui s'y faisaient recevoir était d'autant plus désintéressé qu'il avait
pour but unique la sanctification et le salut des âmes. Leur fidélité à
remplir leurs pieux engagements était d'autant plus louable que la
plupart des confrères avaient assisté à l'office paroissial avant de se
rendre à leurs réunions. L'abbé Mühe, qui gémissait de voir la coutume d'assister aux offices paroissiaux s'affaiblir parmi les jeunes
gens, disait souvent, et il le répéta encore quelques semaines avant
sa mort, que, lorsque Monseigneur Tharin autorisa, en 1824, l'érection canonique de sa confrérie, il y mit la condition que les réunions n'auraient jamais lieu à des heures qui empêcheraient les confrères de remplir leurs devoirs de paroissiens.

Pendant que l'abbé Mühe s'occupait si activement de sa chère confrérie, le Prince de Croï fut appelé par la confiance de Louis XVIII
à la dignité de Grand-Aumônier de France. Une promotion qui permettait au Prélat de continuer, par son crédit et son influence auprès
du gouvernement, ses utiles services à ses anciens et bien-aimés diocésains fut seule capable de consoler l'église de Strasbourg de la perte
immense qu'elle venait de faire. Le deuil fut universel ; il gagna
jusqu'aux élèves du petit Séminaire que le Prince-Évêque se plaisait à
visiter et à interroger dans leurs classes.

---

[1] C'est l'intention de Monseigneur l'Évêque. Dans ce but, Sa Grandeur vient de
donner à l'abbé Mühe un successeur plein de zèle dans la personne de M. l'abbé
Erhart, professeur au collége de Saint-Arbogast. L'installation du nouveau directeur
a eu lieu, avec la plus grande pompe, le 30 avril, jour de la fête titulaire. A sept
heures du matin, il y eut communion générale de la main de M. le Vicaire général
Rapp, qui avait préalablement adressé aux communiants une touchante allocution.
Le sermon de la fête fut prononcé par M. le chanoine Bretz, aumônier du château
impérial, et la grand'messe fut chantée par M. le chanoine Stumpf, supérieur du
grand Séminaire. A l'office de l'après-dînée, M. le chanoine Diemert procéda à la
cérémonie de l'installation, dont il exposa le but et l'importance dans un discours
qui fut fort goûté par la pieuse assistance. Pour clore dignement la solennité, les
confrères élevèrent un monument de reconnaissance à celui qui les avait présidés
pendant plus de quarante ans, en fondant une messe anniversaire pour le repos
de son âme, et en exposant son buste sur cette chaire du haut de laquelle il les
avait si longtemps dirigés dans les voies du salut.

A cette promotion se rattache un fait bien honorable pour l'abbé Mühe. Le Prince de Croï voulut, à cette occasion, donner un témoignage public de satisfaction et d'estime à cet ecclésiastique dont un court séjour lui avait suffi pour connaître les bonnes intentions et apprécier le zèle ardent. Il lui adressa, en date du 9 novembre 1821, une nomination de chanoine honoraire. La lettre dont M. le Chanoine-Secrétaire Ritleng accompagna l'expédition du titre, est trop flatteuse pour celui qui est le sujet de la présente biographie, pour que nous nous refusions, à nous le plaisir de la transcrire et à nos lecteurs celui de la lire.

« Monsieur et cher confrère, j'ai l'honneur de vous adresser, avec
« les pouvoirs pour le saint ministère, dont vous remplissez les fonc-
« tions avec autant de succès que de zèle, le témoignage solennel de
« la bienveillance et de l'estime particulières que voulait vous laisser,
« à son départ, Monseigneur notre Prince-Évêque. Je vous prie, mon
« cher collègue, de ne pas faire le difficile. Personne ne vous soup-
« çonnera d'avoir recherché cette distinction ; mais tout le monde dira
« qu'elle vous était due, et qu'elle honore son illustre, juste et gra-
« cieux auteur. Je suis charmé d'avoir été chargé d'une pareille mis-
« sion. J'embrasse le cher chanoine-prédicateur, et continue à être
« de tout mon cœur votre dévoué ami. » — Le titre officiel était conçu en termes encore plus élogieux. « *Volentes,* disait le Prélat, *occasione*
« *gloriosæ nostræ ad dignitatem Magni Franciæ Eleemosynarii vocatio-*
« *nis, tibi eximiis meritis ac virtutibus præcellenti publicum et solemne*
« *æstimationis et benevolentiæ exhibere testimonium, per præsentes te nomi-*
« *navimus etc., etc.*

VI.

RÉTABLISSEMENT DE LA CONFRÉRIE DU SACRÉ-CŒUR DE JÉSUS.

La confrérie du Sacré Cœur de Jésus ayant donné naissance à celle du Bon-Pasteur, avec laquelle elle a une grande analogie, quant à son but principal, et son rétablissement à Strasbourg et en Alsace ayant été opéré par les soins de l'abbé Mühe, une notice sur cette œuvre importante trouve ici naturellement sa place.

La confrérie du Sacré Cœur de Jésus fut établie, il y a plus d'un siècle, en vertu d'un Rescrit de Sa Sainteté Benoît XIV, du 10 novembre 1743, dans l'église de Saint-Étienne qui était alors église paroissiale, en même temps qu'elle servait de chapelle aux religieuses de la Visitation.

La dévotion qui a donné lieu à cette confrérie, et qui a pour objet immédiat de rendre un culte spécial au cœur de notre divin Sauveur, à ce foyer sacré de l'amour immense qui l'a porté à souffrir et à mourir pour nous, fut introduite, comme tout le monde le sait, à la suite d'une révélation dont une jeune religieuse visitandine, nommée Marguerite *Alacoque*, fut honorée vers la fin du XVIIe siècle, et dans laquelle Jésus-Christ lui ordonna de provoquer l'institution d'une fête dont le but serait de faire amende honorable à son cœur outragé, en tant de manières, par l'ingratitude et les péchés des hommes.

L'ordre auquel appartenait la pieuse privilégiée indique suffisamment pourquoi la confrérie du Sacré Cœur de Jésus fut érigée de préférence dans l'église d'un couvent de la Visitation. Cette dévotion avait d'ailleurs toutes les sympathies de l'illustre et saint fondateur de cet ordre, dont les ouvrages sont agréablement parsemés des manifestations les plus touchantes de son amour affectueux pour le cœur de l'aimable Sauveur. Qu'il nous soit permis de transcrire ici une de ses délicieuses lettres. « Ma très-chère Mère, que vous diray-je ? La « grâce et la paix du Saint-Esprit soit tousiours au milieu de votre « cœur. Mettez-le, ce cher cœur, dans le costé percé du Sauveur, et « l'unissez *à ce Roy des cœurs* qui y est comme en son thrône royal, « pour recevoir l'hommage et l'obéyssance de tous les autres cœurs, et « tient ainsi sa porte ouverte, afin que chacun le puisse aborder et avoir « audience ; et quand le vostre luy parlera, n'oubliez pas de lui faire « parler encores en faveur du mien, afin que sa divine et cordiale ma- « jesté le rende bon, obéyssant et fidèle. » (Lettre 64e du IVe livre, édition in-fol. de 1641.)

La fête du Sacré Cœur de Jésus rencontra de nombreux contradicteurs, et la sainte fille, dont la révélation fut l'occasion de son établissement, se vit traitée comme une visionnaire et une fausse dévote. Une si vive opposition, pour un pareil objet, n'était cependant rien moins que fondée. Il fallait attendre que l'autorité ecclésiastique compétente eût examiné, avec cette maturité et cette sagesse qui préviennent toujours les erreurs préjudiciables, et déclaré la vision réelle ou imaginaire. Car n'y a-t-il pas une foule de fêtes et d'utiles institutions qui n'ont eu d'autre origine qu'une révélation ? Et le Seigneur ne s'est-il pas très-souvent plu à manifester sa volonté par l'organe de quelque âme humble et pieuse ? Les fêtes de l'Invention de la sainte Croix, — du saint Sacrement, — du Scapulaire, — de l'Invention de saint Étienne, — de l'Apparition de saint Michel, — de Notre-Dame-des-Neiges, — de l'Exaltation de la sainte Croix, — du Rosaire ont été introduites dans l'Église à la suite de révélations dont l'authenticité a été dûment constatée. Il en est de même de plusieurs ordres religieux, comme celui de Notre-Dame-de-la-Merci. On peut même dire que c'est là le moyen dont Dieu s'est le plus ordinairement servi pour faire éclater l'action de sa Providence.

Mais si le culte du Sacré Cœur de Jésus eut des contradicteurs opiniâtres, il trouva aussi, dès le commencement, des défenseurs et des propagateurs zélés. Il ne fut néanmoins pratiqué, dans les premiers temps, que par un certain nombre de personnes adonnées aux exercices de la vie intérieure, et sans aucune publicité. Les œuvres de Dieu ne s'improvisent ordinairement pas plus que celles des hommes, comme on le voit dans l'établissement du Christianisme lui-même.

L'année 1720, la trentième depuis la mort de la vénérable Marguerite, fut l'époque que le Seigneur avait choisie pour la glorification solennelle du Cœur adorable de son Fils. En cette année, une des plus belles provinces de la France, la Provence, fut ravagée par la peste. La nouvelle de ce malheur sema l'effroi dans tout le royaume. Les villes atteintes se sentirent subitement inspirées de recourir au Cœur de Jésus comme à un refuge assuré contre le terrible fléau. On vit les Évêques et les Magistrats s'unir pour consacrer à ce divin Cœur leurs ouailles et leurs administrés, et s'engager par vœu à lui rendre, chaque année, des hommages publics et à en célébrer la fête à perpétuité. Ce malheureux événement donna la plus grande impulsion au culte du Sacré Cœur de Jésus qui devint bientôt général en France, d'où il se répandit successivement dans les autres parties de l'Europe et du monde catholique.

Si maintenant l'on considère que la dévotion au Sacré Cœur de Jésus a pour but de réparer les outrages faits à Jésus-Christ, non-seulement par les infidèles et les hérétiques, mais encore par les mauvais catholiques, — de faire passer dans le cœur des fidèles quelques étincelles de l'amour sacré dont il est la fournaise inextinguible, — et d'exciter à la pratique des vertus dont il est le plus parfait modèle, surtout de l'humilité et de la douceur, on comprendra que l'abbé

Mühe a rendu un immense service à la piété chrétienne, en procurant le rétablissement d'une confrérie qui conduira infailliblement vers ce noble but tous ceux qui se pénètreront de son esprit et en observeront les statuts. Et la chance heureuse qu'il eut de pouvoir la rétablir dans le même Sanctuaire, où elle avait été installée quatre-vingts ans auparavant, lui procura, ainsi qu'aux nouveaux confrères, une indicible consolation.

Cette œuvre eut un succès qui dépassa peut-être l'attente de son pieux restaurateur. En effet, il y a peu de paroisses en Alsace qui ne renferment quelques membres de la confrérie du Sacré Cœur de Jésus. Et cette confrérie est assurément digne de compter un si grand nombre d'associés, puisque, outre les avantages spirituels et moraux que nous venons d'énumérer, elle est encore une des plus richement dotées en fait d'indulgences.

Lorsque le petit Séminaire quitta les bâtiments de Saint-Étienne pour s'établir dans ceux de Saint-Louis, le siége de la confrérie fut de nouveau transféré dans la chapelle du grand Séminaire. Aujourd'hui que l'église de Saint-Étienne est devenue propriété du diocèse, la confrérie s'y trouve réinstallée; et nous osons croire qu'elle a définitivement et pour toujours pris possession de son sanctuaire de prédilection.

VII.

MALADIE DE L'ABBÉ MÜHE.

L'application presque non interrompue de l'esprit, les fatigues continuelles du corps, une grande irrégularité dans les repas jointe à la précipitation avec laquelle ils étaient pris la plupart du temps, des efforts de voix extraordinaires en chaire, ne pouvaient manquer de porter atteinte, tôt ou tard, à une santé qui était l'objet de si peu de soins. Aussi l'année 1821 menaça-t-elle de trancher presque subitement le fil des jours de l'homme apostolique qui, par son zèle intelligent et sa prodigieuse activité, semblait devenu indispensable. Des accidents graves survenus à la suite d'un sermon, dans lequel il avait oublié, comme cela lui arrivait fréquemment, que les forces corporelles sont bornées, le conduisirent aux portes de la mort.

La nouvelle de sa maladie répandit la désolation dans toute la ville. Le peuple catholique, dont il était l'idole, manifesta sa profonde douleur de la manière la plus touchante. De tous côtés les prières les plus instantes s'élevaient vers le ciel pour demander à Dieu la guérison de son fidèle serviteur. Ces supplications avaient le sens de celles que, selon la tradition, les premiers chrétiens adressèrent au proconsul Égée en faveur de saint André : *«Accordez-nous cet homme juste ; rendez-nous cet homme saint; ne faites point mourir cet homme chéri de Dieu, cet homme si orné de douceur et de piété !»* On ne s'entretenait que de l'intéressant malade dans les familles catholiques, et aussi dans celles qui ne l'étaient pas ; car la mort aurait enlevé aux unes un puissant et hardi défenseur et débarrassé les autres d'un antagoniste redoutable. L'abbé Mühe n'ignorait pas le danger de sa position. Il demanda donc et reçut les derniers sacrements avec une résignation dont les circonstances, dans lesquelles la maladie l'avait surpris, doublaient le mérite. En effet, il pouvait être comparé à un guerrier qui se serait vu mortellement blessé au moment où il aurait remporté d'éclatants succès. Il avait marché jusque-là, pour ainsi dire, de triomphes en triomphes. Admiré, chéri des catholiques et craint des protestants, il devait, humainement parlant, regretter de quitter la vie à la fleur de son âge. Mais il se souvint de cette parole de Jésus-Christ à ses apôtres : *«Quand vous aurez fait toutes ces choses, dites que vous êtes des serviteurs inutiles.»* Il savait que le Seigneur saurait conserver sans lui les œuvres qu'il avait heureusement fondées ou rétablies, et achever sans lui celles qui étaient commencées. Dans de pareilles conditions et à un tel point de vue, une maladie peut être regardée comme un bienfait du ciel ; car elle nous préserve de l'enivrement de la gloire terrestre, nous fait connaître notre misère et nous dispose à nous considérer comme de purs instruments dont Dieu se sert et qu'il brise quand il lui plaît.

Le docteur Marchal, père, qui passait pour le plus habile chirurgien de la ville et même du département, fut appelé à donner ses soins au malade. Après avoir constaté la nature des lésions, il déclara qu'une opération ne pourrait être pratiquée qu'au prix de dangers dont il ne voulait pas courir les chances, puisqu'il s'agissait d'un homme dont la conservation était l'objet d'un intérêt si général. Il s'efforça donc de réduire le mal à des proportions qui ne seraient point un obstacle absolu à l'exercice des fonctions sacerdotales.

Sans dédaigner les soins empressés du savant praticien, l'abbé Mühe

s'adressa au médecin par excellence, à celui dont la puissance est infiniment supérieure à toutes les ressources de l'art. *« Seigneur,* lui dit-
il, comme saint Martin, *si je suis encore nécessaire à votre peuple,
je ne refuse point de continuer mon pénible travail. »* Sa prière, que
Dieu daigna exaucer, fut probablement accompagnée d'un vœu. Car,
après son rétablissement qui causa une joie aussi vive que les appréhensions avaient été douloureuses, il fit suspendre dans la Chapelle
de la Croix un tableau où il était représenté sur son lit de souffrance,
en surplis et en étole avec un crucifix sur le bras. On peut regretter
la disparition de cet *Ex-voto,* non qu'il se distinguât par un notable
mérite artistique, mais parce qu'il reproduisait assez exactement les
traits de celui qui en était le sujet.

A peine convalescent l'abbé Mühe brûlait de reprendre ses travaux.
Pour calmer sa louable impatience, M. Lienhart, supérieur du grand
Séminaire, lui écrivit, sous la date du 22 février 1822, une lettre
latine[1] dont voici la traduction.

« Très-cher fils, vous connaissez ma grande affection pour vous ;
« vous savez avec quelle tendresse je vous aime dans les entrailles de
« Jésus-Christ. C'est pour cela que je suis tourmenté par la crainte de
« vous perdre prématurément et pour moi, et pour le Séminaire, et
« pour le peuple, et pour la sainte Église de Dieu. L'amour que j'ai
« pour Dieu, pour le prochain et pour vous-même me fait vivement
« désirer que vous ne refusiez pas de suivre les conseils qui vous sont
« donnés, et particulièrement ceux que je vous donne, moi qui suis
« votre père. Employez tous les moyens capables de vous rétablir et

---

[1] Fili dilectissime, scis quantum te diligam et quomodo te cupiam in visceribus
Jesu Christi. Hinc anxius ne te perdam ante tempus, perdam pro me, perdam pro
Seminario, perdam pro populo, perdam pro sancta Ecclesia Dei, opto ex toto corde,
opto ex amore tui, quid? ex amore Dei et proximi, ut nos, ut me, ut patrem
tuum audire velis et facere quod postulat sanitas tua et vitæ conservatio, videli-
cet ut requiescas ad tempus a laboribus tuis, donec, restituta sanitate ac refocillatis
viribus, novis studiis in vinea Domini laborare possis. Credas velim me, quidquid tibi
dico, ex solo amore quo te complector, ex amore bonorum omnium dicere et scri-
bere. Hinc vocavimus D. Eck, juniorem et bonum presbyterum, quem ipse nosti, ut
interim vicem tuam gerat, teque, quantum poterit, suppleat. Ubi primum sanita-
tem plane recuperaveris, ministerium, uti hactenus, iterum subibis, et quam volu-
eris partem seliges. Obsecro te igitur per misericordiam Dei, ausculta verba patris
tui ; da mihi hoc solatium ut possim dicere : servavi filium meum, servavi Deo,
servavi Ecclesiæ. Vale, ama, ora.

Lienhart, Sem. Sup. V. gr.

« de vous conserver en vie, et faites, pendant quelque temps, trève
« à vos occupations, afin de pouvoir travailler avec une ardeur nou-
« velle dans la vigne du Seigneur, lorsque vous aurez recouvré la
« santé et réparé vos forces épuisées. Soyez persuadé que l'affection
« que je vous porte, à vous et à tous les gens de bien m'arrache
« seuls les lignes que je vous adresse. Pour ce motif, j'ai choisi l'abbé
« Eck, excellent jeune prêtre que vous connaissez, pour remplir vos
« fonctions et vous suppléer de son mieux. Dès que vous serez entière-
« ment rétabli, vous reprendrez, parmi les occupations du saint mi-
« nistère, celles qui vous agréeront le plus. Je vous conjure donc par
« la miséricorde de Dieu d'écouter les paroles de votre père. Accordez-
« moi la consolation de pouvoir dire : j'ai conservé mon fils à Dieu,
« à l'Église et à moi-même. Adieu. Aimez, priez. »

La réapparition de l'abbé Mühe dans cette magnifique chaire, où il
avait été précédé par des illustrations telles que *Geiler*, *Tauler*, *Ca-
nisius*, fut accueillie avec un vif enthousiasme. Il était rétabli, mais
non d'une manière complète. Comme le Seigneur avait autrefois voulu
que Jacob sortît un peu estropié de sa lutte nocturne avec un ange,
afin que cette infirmité lui rappelât la protection dont il l'avait couvert en le préservant d'un mal beaucoup plus grand, celui d'être im-
molé avec sa famille à la vengeance d'Esaü; ainsi permit-il que l'abbé
Mühe restât affligé d'une incommodité qui l'obligea, jusqu'à sa mort,
à des précautions qu'il n'était nullement accoutumé à employer et
qui, en certaines occasions, lui causait de vives douleurs.

VIII.

LE CALVAIRE DU CIMETIÈRE DE SAINT-URBAIN.

Lorsque les œuvres dont nous avons parlé dans les articles précédents
eurent été définitivement organisées, l'abbé Mühe en entreprit une
autre qui causa autant de satisfaction aux catholiques de Strasbourg
qu'elle procura d'édification à leur piété. Ce fut l'érection d'un calvaire au cimetière de Saint-Urbain. Voici ce qui lui en inspira le
projet.

Un des aïeux des comtes de Landsperg avait fait, par un motif de
piété, le pèlerinage de la Terre-Sainte. Pour satisfaire sa dévotion, il

s'était arrêté dans tous les lieux sanctifiés et rendus célèbres par la présence du Sauveur, mais surtout dans ceux qui avaient été les témoins de ses souffrances. De retour de son voyage, il voulut en perpétuer le souvenir, dans sa famille, par l'érection d'un monument commémoratif. Dans ce but il choisit, près de Lingolsheim, village situé à quelques kilomètres de Strasbourg, une colline qui lui avait paru susceptible d'être transformée en calvaire.

Trois croix, sculptées en pierre et représentant le divin supplicié avec les deux larrons, furent élevées au sommet de la colline. On y arrivait par un chemin bien entretenu, à la droite duquel étaient placées, de distance en distance, sept colonnes surmontées chacune de la représentation d'une scène de la passion de Jésus-Christ. Ces monuments furent nommés *Fussfälle* (prosternations), parce que les visiteurs avaient la coutume de s'y prosterner pour faire leurs prières. Un pont de pierre jeté sur un large ruisseau, qui pouvait figurer le torrent de *Cédron* traversé par le Sauveur, lorsqu'il se rendit au jardin des oliviers, formait l'entrée de ce chemin. Cette circonstance de lieu était bien capable d'exciter dans le cœur des pèlerins ces sentiments de tendre dévotion dont il faut être pénétré pour méditer avec fruit les souffrances de Jésus-Christ.

Comme le Golgotha était flanqué de jardins, parmi lesquels se trouvait celui de Joseph d'Arimathie, le pieux comte entoura la colline de Lingolsheim d'une plantation d'arbres qui se prolongeait, des deux côtés du chemin, jusqu'au ruisseau. Si les renseignements fournis par une ancienne gravure sont exacts, cette plantation renfermait quelques arbres exotiques, afin de rendre plus vivaces les souvenirs qu'on voulait rappeler.

Les scènes dont les sept colonnes reproduisaient la représentation étaient les suivantes : 1° Jésus au jardin des oliviers; — 2° Jésus fait prisonnier par les satellites envoyés par les princes des prêtres; — 3° Jésus souffleté devant le Grand-Prêtre; — 4° Jésus flagellé; — 5° Croix de Jésus imposée à Simon le Cyrénéen; — 6° Rencontre de Jésus et des femmes qui se lamentaient; — 7° Jésus crucifié.

Un des sept psaumes pénitentiaux terminait les prières que les pèlerins récitaient devant les sept stations.

Le calvaire de Lingolsheim, auquel fut annexée une chapelle, devint promptement célèbre comme lieu de pèlerinage. Ce qui stimulait surtout la piété des fidèles, c'était le grand nombre de faveurs spirituelles accordées par Sa Sainteté Clément XIII aux fidèles qui le visite-

raient par dévotion. Il y avait dans l'année jusqu'à cinquante-six jours
où l'on pouvait gagner une indulgence plénière, en remplissant certaines conditions, sans compter plusieurs fêtes, telles que l'Invention et
l'Exaltation de la Sainte-Croix, qui avaient leurs indulgences spéciales.

C'était un spectacle touchant de voir les bons Strasbourgeois prendre,
les dimanches après les offices, le calvaire de Lingolsheim pour but
de leur promenade avec leurs familles, nourrir leur foi par la méditation des souffrances de l'Homme-Dieu, inspirer à leurs enfants la
haine du péché et la crainte de l'enfer, en leur mettant devant les
yeux les tourments que Jésus a endurés pour nous délivrer de l'un et
nous préserver de l'autre. Ils imitaient ainsi les juifs de Jérusalem
qui se convertirent à la prédication des apôtres et qui, pour témoigner
au Christ leur amour reconnaissant, visitaient assidûment, à l'exemple
et sur les traces de Marie, le lieu où il s'était sacrifié pour leur salut.

L'abbé Mühe, qui avait puisé à plusieurs sources les détails que nous
venons de raconter, nourrissait depuis longtemps le projet de ressus-
citer cette œuvre que la Révolution avait détruite. Voici comment il
fut amené à le mettre en exécution.

Avant la Révolution, la Cathédrale n'était point église paroissiale.
La partie de la ville qui avoisinait ce magnifique temple, formait une
paroisse sous la dénomination de Saint-Laurent dont la chapelle lui
servait de sanctuaire. Le dernier curé fut l'abbé Jæglé. Quand, après le
concordat, la cure eut été réunie au chapitre, qui fut chargé de l'administrer désormais par un chanoine délégué à cette fin, avec le titre
d'*Archiprêtre*, le titre curial de Saint-Laurent fut considéré comme
supprimé en fait et en droit. Cette transformation donna lieu à quelques contestations entre le chapitre et l'ancien titulaire de Saint-Laurent; mais elles n'aboutirent à aucune modification dans l'organisation
nouvelle.

L'abbé Jæglé, privé de son titre curial, devint le directeur de l'École
normale, établie en 1811 par l'illustre préfet *Lezay-Marnésia,* de concert avec M. le recteur de l'Académie *Levrault.* On peut regarder cet
ecclésiastique comme le fondateur moral de cette utile institution, au
développement de laquelle il se dévoua avec un zèle ardent et une
admirable persévérance jusqu'à sa mort. En se résignant à la perte
d'une position qu'il croyait lui être acquise pour le reste de sa vie,
et en entrant résolûment dans une carrière qui lui offrait la perspective d'un autre grand bien à opérer, il donna un touchant exemple
d'abnégation. Et ce qui prouve combien il désirait que la pépinière

des instituteurs grandît sous l'influence de la religion, c'est l'empressement qu'il mit à faire appel au zèle de l'abbé Mühe pour les fonctions d'aumônier; fonctions qui, à cette époque, étaient non-seulement gratuites, mais encore une occasion de dépenses pour le titulaire, à cause des encouragements que réclamait cette œuvre naissante.

Le digne abbé Jæglé étant décédé en 1825, fut inhumé dans le tertre qui se trouvait alors à l'entrée du cimetière de Saint-Urbain, et dont le sommet était déjà occupé par une grande et belle croix, œuvre de M. Wallastre, sculpteur de la Cathédrale, d'après un modèle du fameux Ohmacht. L'abbé Mühe avait fait la bénédiction de cette croix en avril 1823.

Ce tertre fut probablement affecté à la sépulture de l'abbé Jæglé par les soins de l'abbé Mühe qui, l'ayant trouvé éminemment favorable pour l'établissement d'un calvaire, lui avait déjà donné cette destination dans sa pensée. Le reste de l'année 1823 et toute l'année suivante furent employés à tracer les plans et à préparer les fonds; et, dès le 3 février 1825, M. de Kentzinger, maire de Strasbourg, donnait gracieusement l'autorisation de construire, sur le tertre en question, une chapelle et les sept petits monuments destinés à former les stations du chemin de la croix.

L'heureux abbé Mühe se mit immédiatement à l'œuvre, de sorte que la bénédiction de la chapelle et des stations put avoir lieu au mois de septembre de la même année. Après cette cérémonie, un service religieux fut organisé et célébré à des époques régulières. Une exhortation faisait très-souvent partie des exercices de piété qui se pratiquaient à Saint-Urbain. Quelquefois l'abbé Mühe, s'inspirant de la lugubre gravité du lieu, y déployait, en traitant de nos fins dernières, les ressources de cette éloquence dont nous aurons bientôt à nous occuper.

Les jours désignés pour les exercices publics sont les fêtes de l'Invention et de l'Exaltation de la Sainte-Croix, — de saint Urbain, — de saint Antoine de Padoue avec les neuf mardis suivants, — la Commémoraison des trépassés. Dès le 30 mars 1827, Sa Sainteté Léon XII accorda des indulgences à ceux qui visiteraient le calvaire, et Sa Sainteté Pie IX confirma et augmenta ces indulgences par rescrit du 2 décembre 1851.

Un calvaire était donc substitué à celui de Lingolsheim; un nouveau monument consacré au souvenir de la passion de Jésus-Christ était inauguré. Nous n'avons pas besoin de raconter avec quel empressement les fidèles répondirent au zèle du prêtre qui venait d'offrir ce nouvel aliment à leur piété. L'affluence extraordinaire des pèlerins, parmi lesquels figuraient bon nombre de nos frères séparés, était la preuve la plus authentique de la faveur avec laquelle il avait été accueilli.

Maintenant si l'on considère que la dévotion du chemin de la croix est une de celles que les saints et les maîtres de la vie spirituelle ont le plus vivement recommandées, par la raison que la méditation des souffrances et de la mort de Jésus-Christ apprend le mieux à connaître l'amour de Dieu pour les hommes, la laideur et la gravité du péché, le prix de notre âme, on comprendra que les exercices pratiqués au cimetière de Saint-Urbain, pendant une longue série d'années, ont dû produire d'abondants fruits de salut. Le lieu est déjà par lui-même éminemment favorable au recueillement. Comment l'âme ne s'élèverait-elle pas vers le ciel là où tout ce que l'on voit nous rappelle la brièveté de la vie, la vanité des choses humaines, la certitude de la mort, l'incertitude du jour et de l'heure suprêmes; là où tout nous avertit que nous ne sommes que de passage sur la terre, et que nous devons employer à assurer notre sort éternel le temps qui est d'autant plus précieux qu'il est plus court?

Aussi le calvaire de Saint-Urbain a-t-il été l'occasion de nombreuses conversions. Plus d'un pécheur, qui avait longtemps résisté aux sollicitations de la grâce, fut vaincu par l'émotion qu'il éprouva en entendant, sur ce champ de la mort, des accents qui retentissaient dans le fond de son âme comme le son formidable de la dernière voix des anges.

L'érection de ce calvaire doit donc être rangée parmi les inspirations les plus utiles du zèle de l'abbé Mühe. L'exercice du culte public y fut quelquefois temporairement interrompu, surtout aux époques de crises politiques; mais il ne le fut jamais par l'effet d'une mesure persécutrice de la part des autorités locales, qui se sont constamment montrées tolérantes et bienveillantes. Les interruptions ne doivent être attribuées qu'à l'intention de ne pas exposer, soit des ecclésiastiques, soit des pratiques religieuses, aux insultes de gens qui se croient tout permis dans les temps de trouble. Aussi ne vit-on jamais une main sacrilége se porter sur aucun des objets dont l'ensemble forme le but du pèlerinage; car tout le monde savait que les autorités ne toléreraient ni ne sanctionneraient aucun acte d'impiété, sous quelque forme qu'il se produisît.

Le calvaire de Saint-Urbain était désigné par les circonstances autant que par la voix publique pour recevoir la dépouille mortelle de l'abbé Mühe. Comme ce lieu avait toujours été pour lui l'objet d'un amour de prédilection et qu'il était le seul qu'il visitât hors de la ville, depuis une longue série d'années, il était naturel que son corps y reposât en attendant sa glorieuse résurrection. La présence de ces restes chéris contribuera sans aucun doute à entretenir, à stimuler et à augmenter l'ardeur des fidèles à visiter ce pèlerinage.

L'abbé Mühe, qui était pénétré de cette vérité que la dévotion envers la passion et la mort de Jésus-Christ est une des principales sources de la sainte componction, et un des moyens de sanctification les plus efficaces, s'efforçait continuellement d'en propager les exercices. On a trouvé dans ses papiers une quantité d'autorisations de bénir des croix exposées dans des lieux publics. C'était une des fonctions qu'il acceptait le plus volontiers et dont il s'acquittait avec un talent et un succès admirables. Il paraissait être dans son véritable élément lorsqu'il trouvait l'occasion de parler sur ce sujet, surtout en plein air. Un des plus remarquables sermons qu'il fit en ce genre fut celui qu'il prêcha lors de l'érection de la croix de Bischheim en 1819. Elle fut posée le 8 juillet, et la bénédiction solennelle eut lieu le 5 septembre suivant. Au jour fixé pour l'inauguration, les catholiques de Strasbourg se rendirent par milliers sur le lieu de la cérémonie. C'était un coup d'œil ravissant en même temps qu'une énergique profession de foi catholique. L'abbé Mühe prêcha pendant trois heures sans que l'on remarquât la moindre fatigue parmi les auditeurs, quoiqu'ils fussent tous debout sur la terre nue. Cette foule immense était comme suspendue aux lèvres de l'orateur sacré, dans la bouche duquel alternaient les peintures les plus saisissantes, les raisonnements les plus concluants, les mouvements les plus pathétiques, laissant à peine respirer l'auditoire. Cette cérémonie produisit une si profonde impression, qu'elle fut, pendant plusieurs années, le sujet de pieuses conversations entre les fidèles.

IX.

RÉTABLISSEMENT DU TIERS-ORDRE.

L'abbé Mühe ne se contentait pas de procurer par lui-même la gloire de Dieu et le salut des âmes; il prêtait encore volontiers sa coopération, quand il en était prié, à ceux de ses confrères qui se vouaient à quelque bonne œuvre faite dans le même but. Cette observation s'applique entre autres et principalement au Tiers-Ordre de saint François.

Le rétablissement de cet Ordre en Alsace est due à l'initiative et au zèle de l'abbé de Kaczorowsky, chanoine honoraire et vicaire de la Cathédrale. Cet ecclésiastique était propriétaire d'une maison et possédait une bibliothèque riche en patrologie. Il légua l'une et l'autre au grand Séminaire. Il avait un goût prononcé pour la controverse et avait acquis, dans cette partie des études théologiques, une rare habileté. Malheureusement la plupart des qualités de l'orateur lui faisaient complétement défaut, de sorte que ses connaissances ne lui servaient que pour des conférences particulières. Il était presque toujours en rapport avec un ou plusieurs protestants. Si tous ne se convertissaient pas, ils ne sortaient au moins de chez lui que dûment convaincus d'être dans l'erreur. Il avait un talent remarquable pour faire ressortir le côte ridicule des prétendus réformateurs. Aussi eut-il le bonheur de ramener dans le sein de l'Église un assez grand nombre de nos frères séparés.

Il était provisoirement chargé de diriger la congrégation des demoiselles de l'Assomption, auxquelles il faisait une instruction les dimanches après Vêpres. Les questions qu'il traitait étaient à la fois instructives et intéressantes; mais il les présentait sous une forme qui provoqua souvent l'hilarité de son auditoire.

Ce digne ecclésiastique avait appartenu, avant la grande Révolution, au Tiers-Ordre de saint François, dont Strasbourg et d'autres localités renfermaient encore quelques membres qui avaient continué d'en observer la règle. Il conçut le projet d'en opérer le rétablissement. Le général des Franciscains, à Rome, informé de son dessein, lui conféra les pouvoirs nécessaires, y compris la faculté de déléguer, et accorda aux membres du Tiers-Ordre restauré tous les priviléges dont avaient joui les anciens confrères.

Le premier prêtre qu'il associa à son œuvre fut l'abbé Mühe qui l'avait aidé de ses conseils et soutenu par ses encouragements. Il se déchargea également d'une partie du travail sur l'abbé Schmitz, ecclésiastique estimable qui, effrayé de la responsabilité qui pèse sur les fonctions pastorales, avait renoncé à sa cure de Sermersheim pour redevenir vicaire à la Cathédrale.

Par le zèle de l'abbé de Kaczorowsky et par la coopération active de ses deux confrères, le Tiers-Ordre se développa rapidement; et aujourd'hui il est de nouveau répandu dans le diocèse.

Le restaurateur de l'œuvre du séraphique François d'Assise devint la victime de son ardeur. En effet, comme le livre contenant les règles et les pratiques de dévotion propres au Tiers-Ordre n'était plus dans le commerce, il entreprit la composition d'un nouveau Manuel. Son manuscrit, qui reproduisait les choses essentielles de l'ancien, eût formé un volume presque double de celui qui est entre les mains des confrères, sans les nombreux retranchements que lui fit subir la censure diocésaine. Le bon vieillard s'était tellement fatigué à ce travail que sa santé en fut notablement altérée. S'étant rendu aux eaux de Niederbronn, pour se rétablir, il y mourut subitement, en 1830, et y fut inhumé.[1] Martyr en quelque sorte du Tiers-Ordre, par une excessive application d'esprit, il mérite assurément que sa mémoire soit en estime et vénération chez les enfants de saint François. — Après son décès, l'abbé Mühe lui succéda en qualité de visiteur et de commissaire du Tiers-Ordre, et il exerça cette charge jusqu'à sa propre mort.

---

[1] On lira peut-être avec plaisir quelques anecdotes sur la personnalité de ce vénérable prêtre. Il était sujet à d'étranges distractions. Il lui arriva plus d'une fois de sortir de la sacristie affublé de deux chasubles ou portant une tunique par-dessus la chasuble. — Il était d'une originalité charmante. Ayant obtenu la faculté d'indulgencier les chapelets, les médailles, les crucifix, il mettait une toute petite étole et formait les signes de croix avec le pouce lorsqu'il avait à bénir des objets de petites dimensions; quand les objets étaient volumineux, il mettait une étole ordinaire et se servait de la main pour bénir. — A une haute vertu et à une érudition assez étendue il joignait une naïveté qui était le vrai reflet de sa belle âme. Un de ses confrères ayant présenté son compliment de condoléance à la vieille demoiselle qui soignait son ménage, elle répondit en soupirant : « *Le pauvre chanoine !!! Il éprouvait un si grand plaisir en pensant que ses funérailles seraient célébrées au grand chœur; et le voilà privé de cette satisfaction !* »

X.

L'ABBÉ MÜHE ORATEUR.

Quand il s'agit de juger les orateurs qui ont illustré la chaire française, tels que Bossuet, Massillon, Bourdaloue, on a sous les yeux des recueils de sermons écrits avec soin, retouchés plusieurs fois, successivement perfectionnés. Avec de pareilles données, on peut entreprendre, plusieurs siècles après leur mort, presque aussi facilement qu'à l'époque contemporaine, un travail de critique sur leurs œuvres.

Pour juger le talent oratoire de l'abbé Mühe, nous ne pouvons baser notre critique sur une longue série de compositions élaborées dans le silence de la retraite, soigneusement revues et portant le cachet de ce qu'on appelle la dernière main. C'est donc en nous appuyant principalement sur la tradition, que nous lui attribuerons une foule de discours auxquels aucun critique impartial ne refuserait une place parmi les chefs-d'œuvre de l'art oratoire chrétien.

Le nombre des sermons, écrits *intégralement* par l'abbé Mühe, n'a aucune proportion avec le nombre de ceux qu'il a prononcés pendant sa longue carrière oratoire. Encore la plupart de ces sermons ont-ils été composés dans les années de sa jeunesse sacerdotale. Ils paraissent avoir été écrits à la hâte, sont souvent difficiles à lire, et n'ont jamais été retouchés. Lorsqu'il les reprenait, il se contentait d'indiquer, par des notes marginales ou seulement par des signes, qu'il y avait fait des modifications. Les travaux dont nous avons parlé démontrent d'ailleurs jusqu'à l'évidence qu'à partir de sa huitième ou dixième année de prêtrise, le temps lui eût manqué totalement soit pour retravailler ses premiers sermons, soit pour écrire tous ceux qu'il a prononcés depuis. Il était essentiellement orateur d'inspiration ; et c'est comme tel que nous essaierons de le présenter, sans toutefois omettre de faire apprécier par quelques citations textuelles sa manière d'argumenter.

Signalons d'abord un fait presque phénoménal. L'abbé Mühe a occupé la chaire de la cathédrale depuis le 2 février 1812 jusqu'en janvier 1864, c'est-à-dire, pendant cinquante-deux ans. Les interruptions occasionnées par les maladies atteignent un maximum de quatre ans. Restent donc quarante-huit ans d'un plein exercice. Quelle est la congrégation vouée à la prédication, même si elle jouissait du privilége de prolonger à son gré la vie de ses membres, qui voulût s'engager à laisser pendant un si long espace de temps, dans la chaire principale d'une grande ville, le même sujet, avec l'espoir qu'il se maintiendra constamment à la hauteur de sa mission? . . . . Les congrégations, qui forment et fournissent des prédicateurs, n'ont-elles pas, au contraire, la coutume d'opérer de fréquentes mutations dans leur personnel? Eh bien, l'abbé Mühe a joui de la vogue pendant au moins quarante ans, c'est-à-dire aussi longtemps que ses organes conservèrent toute leur vigueur, parce qu'il avait le talent de donner un air toujours neuf aux matières déjà traitées. Il a répété certains sermons jusqu'à huit et même dix fois, mais avec de si heureuses variantes, que les auditeurs les plus assidus et les plus attentifs ne s'aperçurent jamais de la répétition.

Disons ensuite que l'abbé Mühe s'était complétement affranchi des règles de l'art oratoire, quant à l'arrangement du discours. On ne trouvait point chez lui ces divisions et sous-divisions compassées dont l'emploi a certes ses avantages, puisqu'elles favorisent l'ordre et la clarté des idées, mais souvent aussi l'inconvénient d'enfermer l'orateur dans une espèce d'étau, en ne lui permettant pas de s'élancer dans les voies ouvertes par l'inspiration. Lorsqu'il était professeur de rhétorique il avait soin, en expliquant les règles de cet art, de recommander à ses élèves de faire ce qu'il disait et non ce qu'ils le voyaient faire. Mais nous verrons bientôt que les licences qu'il se permettait, loin de nuire à sa prédication, facilitaient l'essor de son génie, lui procuraient les étonnants succès dont sa carrière oratoire est parsemée et donnaient lieu à ces discours qui laissaient quelquefois les auditeurs comme terrassés d'admiration.

Pour que personne ne puisse nous soupçonner, encore moins nous accuser, de tracer de l'abbé Mühe un portrait de fantaisie, et d'exagérer ses qualités oratoires sous l'influence de l'affection ou d'un vain patriotisme, nous voulons, avant de formuler notre opinion personnelle, donner la parole à quelques hommes dont aucun de nos honorables lecteurs ne déclinera la compétence.

En 1839, un pasteur émérite de l'église luthéro-évangélique de Liegnitz en Silésie, *Otto-Frédéric Werhan*, visita l'Allemagne, la France et la Suisse. Voici comment il parle de son séjour à Strasbourg, dans la relation qu'il publia de son voyage l'année suivante :

«Parmi les prédicateurs catholiques de Strasbourg, l'abbé Mühe tient le premier rang. Je l'ai entendu le dimanche de *Cantate*[1] à la Cathédrale; et, quoiqu'il m'eût déjà été vanté comme un prédicateur distingué, ce que j'entendis surpassa notablement mon attente.

« Mühe, homme déjà d'un certain âge, avait pris pour texte cette parole de saint Pierre: *«Où vas tu?»* (Jean XIII, 36). Il appliqua ce texte aux situations les plus variées, en l'accompagnant chaque fois de sa traduction latine selon la Vulgate: *«Quo vadis?»* Il adressa cette question, entre autres, au voleur qui se met en marche pour opérer une escalade nocturne; — à l'avare et à l'usurier qui sortent pour procéder à l'expropriation d'un pauvre débiteur; — au voluptueux qui court vers une maison de débauche; — au mondain qui use sa vie à entasser des richesses. Avec un accent de vérité qui faisait frissonner, il montrait à chacun de ceux qu'il apostrophait, l'abîme dans lequel sa conduite criminelle allait le précipiter. De ma vie je n'ai entendu une éloquence à la fois si populaire et si entraînante.

«On voyait plutôt qu'on n'entendait ce qu'il disait. Tout était si naturel qu'il semblait impossible qu'il en fût autrement. On le suivait sans la moindre application d'esprit. Les scènes, les vérités avec leurs conséquences, dépeintes avec ces traits vigoureux qui sont comme le cachet des grands maîtres, et accompagnées d'une déclamation vive et animée, pénétraient dans l'âme avec une puissance magique. On l'aurait volontiers écouté pendant toute une journée. La partie la plus saisissante fut la péroraison. Voici à peu près sa conclusion : (car malheureusement je n'ai pas noté exactement ses paroles) « Ah! si l'on «ouvrait les tombes du cimetière, et que les morts pussent se lever et «répondre à la question : *Où es-tu allé?* Combien en entendrait-on «s'écrier : *erravi,* je me suis trompé de chemin!» —*Erravi,* continuat-il, lorsque déjà les cloches tonnaient majestueusement du haut de la tour, que le chœur retentissait du chant des chanoines et que sa voix était couverte par le tumulte des auditeurs qui se levaient de leurs chaises. Il répéta cet *erravi* sur un ton qui s'affaiblissait graduellement en empruntant l'accent du désespoir. Puis il quitta la chaire les deux mains sur le visage comme un homme accablé et vaincu par la douleur.»

Quelques années plus tard, vint à Strasbourg un haut dignitaire d'une autre église protestante d'Allemagne. Il pria un médecin de la

<hr>

[1] IVe dimanche après Pâques.

ville de lui procurer la satisfaction d'entendre le prédicateur Mühe, de l'éloquence duquel on lui avait raconté des choses merveilleuses. Le médecin lui donna rendez-vous pour le dimanche suivant. Le sermon de l'abbé Mühe, dont nous ne nous rappelons pas le sujet, fit une profonde impression sur ce nouvel auditeur. Ce n'était pas seulement de l'admiration; c'était de l'étonnement. Aussi formula-t-il son jugement sur l'orateur sacré en termes semblables à ceux dont se servit la reine de Saba en parlant de la sagesse de Salomon : « On ne lui avait dit qu'une partie de la réalité. »

Considérons maintenant que les sermons, auxquels assistèrent les personnes que nous venons de citer, n'étaient nullement des discours préparés avec la prévision d'auditeurs amenés par un motif de curiosité, encore moins avec le dessein de faire de l'effet. C'étaient, tout simplement, pour m'exprimer ainsi, les fruits spontanés et presque habituels d'un génie abondamment nourri des Saintes-Écritures et subissant l'influence de l'esprit de Dieu qui le dirigeait. Le jugement porté sur l'abbé Mühe, par ces deux protestants, a d'autant plus de poids qu'ils devaient être l'un et l'autre disposés, par esprit de secte, à le trouver inférieur à sa réputation. Ils ont sans doute dit du prédicateur qu'ils venaient d'entendre ce qu'un pasteur d'une époque plus reculée a dit de saint François-Xavier : *«Ah, que n'es-tu des nôtres!»*

A ces remarquables témoignages nous joindrons celui du Dr Kerpp, curé de Saint-Alban à Cologne, auteur de plusieurs ouvrages estimés et lui-même orateur distingué. Il s'était rendu à Strasbourg, en 1844, pour offrir ses hommages à Monseigneur Ræss, nouvellement promu à l'épiscopat. A cette occasion, il voulut entendre le prédicateur dominical.

Le sermon auquel il assista traitait de la légitime interprétation de l'Écriture sainte. L'abbé Mühe prouva par des arguments sans réplique, mais à la portée des intelligences les moins cultivées, l'absurdité du système protestant. Il mit en évidence les variations, les méprises et les contradictions dans lesquelles tombent inévitablement ceux qui admettent l'interprétation privée. Il conjugua, en en faisant avec finesse l'application à ces interprètes, le verbe *expliquer*. En parcourant ce verbe dans ses temps et dans ses modes, il montra qu'il est l'image vraie de ce que font les partisans de ce système d'interprétation aussi irrationnel qu'anti-biblique. En effet, le même individu qui *explique* aujourd'hui tel passage dans tel sens, l'a *expliqué* antérieurement dans un autre sens et l'*expliquera* plus tard dans un autre sens encore, au fur et à mesure du développement de son intelligence et de l'acquisition de connaissances nouvelles. L'orateur conclut que, dans ce système, où aucune certitude ni dogmatique ni morale n'est possible, Dieu et le diable ont tour à tour raison. Or Dieu, qui a créé l'homme pour la vérité, ne saurait l'avoir condamné à ne la jamais trouver. *Dieu a livré le monde aux disputes des hommes,* (Ecclé. III, 11) mais non sa parole. Le sens de cette dernière ne peut dépendre ni des préjugés, ni de l'intérêt, ni des passions, ni du degré d'instruction de ceux qui la lisent.

Le savant auditeur fut au comble de l'admiration et protesta que jamais il n'avait entendu de sermon plus éloquent. Dans l'enthousiasme qui s'était emparé de lui, il dit qu'il comparait le prédicateur à un serin à l'état sauvage. Cette expression originale, triviale même en apparence, renferme une appréciation aussi énergique que vraie du talent de l'abbé Mühe. Car le chant d'un serin vivant en liberté, et possédant l'instinct musical à un haut degré, l'emporte notablement, en effets mélodieux, sur celui du même oiseau répétant l'air d'une serinette. Ces accents mâles et vigoureux d'un prédicateur abattant, à droite et à gauche, les ennemis de la vérité, sans s'astreindre péniblement aux prescriptions de l'art oratoire, lui paraissaient préférables, au moins pour le peuple, aux discours arrangés conformément à des règles que le peuple ne sait pas apprécier. L'abbé Mühe aimait mieux la fronde et les cailloux de David que l'armure brillante de Saül, et il avait raison.

Un prélat allemand, qui avait assisté à un de ses sermons, exprima son opinion sur le prédicateur avec autant de justesse que d'originalité : «*Jamais,* dit-il, *je n'ai trouvé réunis tant d'art et si peu d'art.*» En effet, c'était d'un côté, une combinaison d'arguments qui supposait une habileté consommée dans la stratégie spirituelle, et, de l'autre, un langage si simple, si naturel, si familier, que chacun croyait qu'il aurait pu dire la même chose.

Si, après les jugements exprimés, d'une manière générale, par des appréciateurs d'une si haute capacité, il nous est permis d'émettre une opinion personnelle, il ne nous sera pas difficile de démontrer, en détail, que l'abbé Mühe a complétement justifié leurs éloges et que le portrait qu'ils ont fait de lui est parfaitement ressemblant.

Nous établirons d'abord quelques distinctions pour déterminer les différentes nuances de son beau talent. En effet, un homme qui a prêché pendant plus d'un demi-siècle dans la même église, a dû, en vertu des devoirs de sa vocation, traiter tour à tour toutes les matières qui sont du domaine de la prédication. Or, il serait un prodige unique dans l'histoire de l'éloquence, s'il avait su se tenir à la même hauteur dans tous les genres. Les plus grands génies n'ont pas été toujours et partout égaux à eux-mêmes. Comme orateurs, Bossuet a principalement brillé par ses oraisons funèbres et ses panégyriques, Bourdaloue par ses sermons sur les mystères, Massillon par ses carêmes. On a fait des observations analogues sur les anciens, tels que Cicéron, saint Jean Chrysostome et d'autres.

Nous ne serons démenti par aucun de ceux qui ont suivi les prédications de l'abbé Mühe, si nous disons que, dans la peinture et la critique des mœurs, il était non-seulement admirable, mais en quelque sorte inimitable. Il a passé en revue tous les vices dont malheureusement les chrétiens ne sont pas toujours exempts. La description qu'il en faisait, lorsqu'il se trouvait en verve, était ordinairement un tableau de grand maître. Il exposait son sujet avec une telle vérité et une telle abondance de détails, avec des couleurs si vives, avec des expressions si énergiques et si justes, qu'il laissait loin derrière lui les La Bruyères de tous les siècles. Maintes fois son auditoire, frappé de la parfaite ressemblance de la peinture avec l'original, manifesta ses sentiments de satisfaction par un léger frémissement d'admiration ou par des sourires approbateurs. Il personnifiait très-souvent les vices dans des figures bibliques : l'hypocrisie et la cruauté jalouse dans Hérode, la volupté dans Hérodiade, l'avarice dans Judas, la lâcheté dans saint Pierre. Il suivait la même méthode quand il s'agissait de décrire les vertus. A l'exemple de saint Ambroise, il prêcha toute une série de sermons sur Noé, Abraham, Isaac, Élie et d'autres illustres personnages.

L'abbé Mühe excellait également dans ce que nous nous permettrons d'appeler le genre terrible, c'est-à-dire dans l'exposition des vérités effrayantes de la religion, telles que la mort, le jugement, l'enfer. La Providence l'avait doué d'une voix qui, au besoin, éclatait en accents formidables. Une fois animé par son sujet, il savait, selon l'expression de l'abbé Bridayne, «faire retentir la parole de Dieu dans toute la force de son tonnerre.» Parlait-il de la mort, il remplissait les âmes d'un salutaire effroi, et arrachait à ses auditeurs le cri de Balaam : «*Ah, que la mort des justes soit un jour la mienne!*» — Traitait-il du jugement universel, on croyait, comme saint Jérôme, entendre le son de la dernière trompette et l'on tremblait à l'arrivée du souverain juge. — Avait-il à dépeindre l'enfer avec ses effroyables supplices, il abordait résolûment tous les détails dans lesquels la foi permet d'entrer sur le sort des damnés. Partant du principe proclamé par saint Paul : *«qu'il est horrible de tomber entre les mains du Dieu vivant»*, il était persuadé que les peintures même les plus effrayantes ne donnent qu'une idée incomplète de la damnation ; que les figures les plus hardies restent toujours au-dessous de la réalité, et qu'il faut s'efforcer, par tous les moyens licites, de détourner les fidèles de la voie qui aboutit à l'enfer. D'ailleurs il est permis de croire que l'œil de l'homme a aussi peu vu, son oreille aussi peu entendu et son cœur aussi peu compris ce que la justice de Dieu a réservé aux ré-prouvés, que ce que sa bonté a préparé à ses élus.

Un critique moderne a dit que, lorsque Démosthènes prononça ses fameuses harangues contre Philippe, il peignit l'envahissement de la patrie par le monarque macédonien avec une telle puissance de pathétique que l'on croyait entendre retentir dans le lointain le bruit des chaînes dont il venait charger les Grecs. L'éloquence de l'abbé Mühe a produit plus d'une fois un effet semblable sur ses audi-teurs, lorsque, l'imagination enflammée et l'esprit excité par quel-que texte énergique de la Sainte-Écriture, il traitait des matières si palpitantes d'intérêt pour des cœurs chrétiens. Nous avons la con-fiance qu'il fut plus heureux que l'orateur athénien, et qu'il préserva une foule d'âmes, rachetées par le sang précieux de Jésus-Christ, de l'asservissement dont elles sont sans cesse et partout menacées par les passions, par le monde et l'enfer.

Un autre sujet dans lequel l'abbé Mühe réussissait admirablement est celui qui a rapport à la passion et à la mort de Jésus, comme nous l'avons déjà insinué ailleurs. Le nombre des sermons qu'il a prêchés sur cette matière si importante, soit à la Cathédrale, soit ailleurs, dépasse notablement celui des discours qu'il a prononcés dans tous les autres genres oratoires. C'étaient ceux pour lesquels il avait le moins besoin de se préparer par écrit. Il s'était profondément pénétré de ces paroles du grand apôtre : *«Je ne prétends rien savoir parmi vous, si ce n'est Jésus-Christ et Jésus-Christ crucifié.»* — *«A Dieu ne plaise que je me glorifie en autre chose qu'en la croix de notre Sei-gneur Jésus-Christ.»*

A l'occasion de l'érection d'un calvaire ou d'une croix de mission, de l'inauguration d'un chemin de la croix ou simplement des exercices usités en l'honneur de la passion du Sauveur, il n'était pas rare qu'il parlât pendant plusieurs heures de suite. Plus d'une fois il fut en chaire, le Vendredi-Saint, d'une heure à quatre heures de l'après-midi. Et ce qui prouve qu'il ne se contentait pas d'exploiter les nombreux lieux communs fournis par une matière aussi riche, c'est l'attention soutenue de l'immense auditoire qui se retrouvait partout où il devait se faire entendre dans une cérémonie de ce genre. Les conceptions élevées, les idées neuves ou rajeunies, les récits attendrissants, les descriptions intéressantes, les interpellations énergiques, les applications pleines d'à-propos, les exhortations entrainantes, les mouvements impétueux formaient un magnifique ensemble et produisaient une succession et une variété d'impressions qui préservaient l'auditoire de toute fatigue et l'empêchaient presque d'avoir des distractions. Il s'était tellement exercé dans ce genre qu'à l'issue de la plupart de ses sermons sur la passion, il pouvait dire à ses auditeurs, comme saint Paul aux Galates, *«que Jésus avait été crucifié et exposé à tous les outrages sous leurs yeux.»*

Après ces grands sujets, où la véhémence des mouvements et les éclats de voix sont des auxiliaires indispensables, l'abbé Mühe obtenait de notables succès dans les sermons de controverse, surtout dans ceux qui ont pour objet l'Église et son vénérable chef. Sur ce terrain il se distinguait par la noblesse des pensées, la clarté de l'exposition, la vigueur de l'argumentation. Il se plaçait alors parmi les plus dignes fils de l'Église, parmi les plus habiles défenseurs de son autorité, parmi les plus valeureux champions du Vicaire de Jésus-Christ. Lorsqu'il parlait du Souverain-Pontife, on croyait souvent entendre le grand saint Léon dans ses immortels et irréfutables discours sur les prérogatives d'honneur et de juridiction accordées par Jésus-Christ à Pierre, et transmises par Pierre à ses légitimes successeurs. Il était facile de voir qu'il avait abondamment puisé dans cette mine aussi riche par ses trésors de vérités que respectable par son antiquité. A la mort d'un Pape, il ne manquait jamais de prononcer, à la Cathédrale, son éloge funèbre. Celui de Pie VII et celui de Grégoire XVI, écrits en entiers et avec le plus grand soin, se trouvent dans le recueil de ses sermons. Il y manifesta avec chaleur non-seulement son admiration pour les vertus de ces illustres Pontifes, mais encore son inviolable attachement à la chaire de saint Pierre, pour la défense de laquelle il était prêt à faire tous les sacrifices, même celui de la vie.

L'abbé Mühe était un admirateur enthousiaste du fameux controversiste Weisslinger dont il imitait et, à l'occasion, recommandait la méthode d'argumentation contre les erreurs des sectes protestantes.

Après l'exposé que nous venons de faire, on ne s'étonnera pas si nous disons que les sermons, dans lesquels les passions oratoires ne jouent qu'un rôle secondaire ou accidentel, étaient en général inférieurs à ceux dont nous venons d'indiquer les caractères. Aussi paraissait-il quelquefois éviter, sauf des cas où le devoir l'obligeait à les traiter, les sujets qui ne se prêtaient point à l'emploi de cette action qui lui était propre. Cette observation s'applique même aux sermons sur la sainte Vierge. Quoiqu'il fût un zélé serviteur de la Mère de Dieu, comme nous le verrons plus loin, il a laissé, comparativement parlant, peu de panégyriques où les vertus, les priviléges et les gloires de la Reine du ciel soient traités *ex professo*. Comme il avait conscience de la spécialité de son talent, il choisissait, lorsque cela dépendait de lui, les sujets dans lesquels il pouvait se déployer à l'aise, de préférence à ceux qui demandent une exposition calme, des peintures douces, une argumentation plus insinuante que vigoureuse.

Si l'abbé Mühe ne s'est pas élevé à la même hauteur dans tous ses sermons, il parlait toujours, quelque sujet qu'il traitât, d'une manière sérieuse, solide et digne de la chaire sacrée. Les exhortations qu'il adressait si fréquemment aux jeunes gens, se faisaient surtout remarquer par un ton d'autorité paternelle qui lui gagnait leurs cœurs en même temps qu'il leur inspirait une profonde vénération pour sa personne.

Nous terminons cet exposé de notre appréciation en attirant l'attention de nos lecteurs sur l'admirable ressemblance qui existe entre l'abbé Mühe et le célèbre missionnaire Bridayne. Même trempe d'esprit, même puissance dans la voix, même chaleur des passions oratoires, même abondance d'idées, même richesse de conceptions, même vigueur dans l'argumentation, même véhémence dans l'action, même talent d'intéresser un auditoire pendant plusieurs heures. Il arrivait à l'abbé Mühe, comme à l'abbé Bridayne, après des sermons d'une longueur inusitée, de laisser des traces de sueur sur le pavé. Nous pensons même que si le temps, dont disposait notre compatriote, n'avait pas été si considérablement fractionné; si son esprit n'eût pas été simultanément appliqué à tant de choses différentes, et qu'il eût pu se livrer exclusivement à l'art oratoire, il aurait surpassé son beau modèle.

Mais gardons-nous de regretter qu'il en ait été autrement, en voyant le grand nombre de services qu'il lui a été donné de rendre à l'Église en dehors de ses fonctions de prédicateur.

L'abbé Mühe, qui savait se multiplier, fit aussi son début en français. Il prononça, à la Cathédrale, le panégyrique de saint Laurent, patron de la paroisse. Le sermon qu'il prêcha est écrit avec soin, et il fut sans doute débité d'une manière convenable; car, ayant appris le français dès sa plus tendre enfance et s'y étant continuellement exercé, l'abbé Mühe pouvait figurer, surtout à cette époque, avec honneur sur la chaire française. Cependant il reconnut qu'il y aurait pour lui des inconvénients à se livrer à la prédication dans les deux langues. Aussi écrivit-il sur la couverture de son panégyrique la résolution suivante, à laquelle il a été rigoureusement fidèle : *Unus et unicus,* c'est-à-dire, *le premier et le dernier.*

XI.

EXTRAITS DE SERMONS.

Il conviendrait de citer ici quelques extraits de sermons à l'appui de ce que nous venons d'exposer. Mais outre que les bornes d'une notice biographique ne nous permettent pas de nous engager dans de si grands détails, nous rappellerons à nos lecteurs que les plus beaux morceaux de cette éloquence mâle, puissante et si souvent victorieuse, ont été, la plupart du temps, le fruit de l'inspiration du moment. Nous voulons néanmoins donner quelques exemples de sa manière de procéder et d'argumenter.

Les sources où il puisait habituellement étaient les Saintes-Écritures et les ouvrages des Pères de l'Église et des Saints. Mais il ne dédaignait nullement de faire usage des auteurs profanes pour élucider et orner son sujet.

Veut-il engager ses auditeurs à détester et à éviter la médisance, il se sert habilement d'un trait fourni par l'antiquité païenne.

«Apelles, un des peintres les plus habiles et les plus renommés, avait été chargé de faire le portrait du roi Antigone. La nature, qui avait doté ce prince des plus brillantes qualités de l'esprit, s'était montrée moins libérale sous le rapport des avantages du corps; car

elle l'avait fait naître borgne. L'artiste, jaloux d'exécuter une œuvre
d'une ressemblance parfaite, tout en dissimulant le défaut naturel du
roi, s'avisa de le peindre de profil, afin de ne mettre en évidence que
le côté du visage qui était muni d'un œil. S'il eût agi autrement, on
lui aurait reproché, avec raison, d'avoir mis tout le monde dans la
confidence d'une infirmité qui n'était peut-être connue que des personnes qui formaient l'entourage du monarque. Devrait-on croire
que la faute qu'Apelles prit tant de soin d'éviter, est commise habituellement par une foule de chrétiens, du cœur desquels l'amour du
prochain n'est pas moins banni que la crainte de Dieu? Quand il leur
plaît de tracer, dans leurs discours, le portrait d'un de leurs frères,
au lieu de mettre en relief ses bonnes qualités, ils s'évertuent à bien
faire ressortir ses défauts. Écoutez cette langue aiguisée par la mé-
chanceté. Une personne est-elle ornée des vertus les plus brillantes?
Si une faiblesse à peine appréciable projette une ombre légère sur
cet assemblage de belles qualités, vite elle s'empare de cette faiblesse,
la tourne et la retourne, l'enfle et l'exagère, et met son esprit à la
torture pour donner les airs d'un vice à ce qui n'est qu'une imper-
fection, et pour faire considérer comme une habitude invétérée ce
qui ne fut que l'oubli d'un moment.»

Un orateur qui savait si bien tirer parti des données de l'histoire
profane ne pouvait manquer de faire des applications heureuses de
l'histoire biblique. Dans un dicours où il parle des hommes qui, pour
pouvoir rejeter les mystères, élèvent contre eux des objections prétendues insolubles, il démontre, par l'exemple de Salomon, que leur
incrédulité n'est point le résultat d'une conviction logique, mais
l'effet de la corruption du cœur, et que, fût-elle sérieuse, elle se
serait formée et développée parallèlement à leurs progrès dans l'immoralité. C'est ainsi que la foi s'affaiblissait dans Salomon au fur et
à mesure qu'il avançait dans les raffinements de la volupté. Et lorsqu'il
fut devenu complétement l'esclave de ses honteuses passions, elle s'é-
teignit, comme le prouve sa participation active aux actes d'idolâtrie
des femmes étrangères qu'il avait épousées. Préservez un homme de
l'immoralité et vous l'aurez préservé de l'incrédulité.

Voici le tableau qu'il trace de la colère :

«Le langage de l'homme en colère respire l'impiété; son ton est
saturé d'amertume, sa formule d'expression est le blasphème. Il se
revêt, selon la parole de l'Écriture, de la malédiction comme d'un
vêtement; elle pénètre comme l'eau dans ses entrailles et comme

l'huile dans ses os. On ne peut l'entendre sans frémir, et l'on désire instinctivement que, par un juste jugement de Dieu, sa langue soit frappée de paralysie. Point de terme injurieux que sa bouche ne profère; point d'infortune qu'il n'appelle sur la tête de son prochain; point de crime dont il ne l'accuse; point d'outrage dont il ne l'accable. Il est si complétement subjugué par sa passion qu'il n'a plus conscience de lui-même, et que, redevenu calme, il est aussi étonné que honteux des actes qu'on lui reproche. Considérez l'homme dont la colère a atteint son paroxisme : quel monstre! Ses yeux lancent des éclairs; la pâleur de la mort et la rougeur du feu alternent sur sa face aux traits désorganisés; ses genoux fléchissent; ses membres tremblent; sa bouche écume; son pied frappe la terre; sa main se crispe; sa langue bégaie les plus horribles imprécations. Il adjure Dieu et le diable, le ciel et l'enfer, le tonnerre et les éclairs, les maladies et les éléments de se faire les instruments de sa vengeance. Tout son corps est dans une agitation aussi nuisible à son âme qu'à sa constitution physique. Il méconnaît les doux liens de l'amitié aussi bien que ceux de la famille. Le père devient cruel envers le fils, et le fils se révolte contre le père; la mère n'a plus d'entrailles pour sa fille et la fille n'éprouve plus de tendresse pour sa mère; l'ami persécute l'ami et le voisin élève entre le voisin et lui un mur de séparation; le laboureur maltraite le bœuf qui travaille pour le nourrir et l'artisan brise l'outil qui lui procure le pain. Ne doit-on pas rougir de voir des hommes faire ce dont s'abstiennent les animaux, même dans les moments de suprême irritation !»

Ici l'orateur vous donne le spectacle des funérailles :

«Quelles sont les pensées et les dispositions avec lesquelles on assiste ordinairement à un convoi funèbre? L'un s'y rend poussé par la curiosité : il veut s'assurer que la pompe funéraire répond à la dignité ou au mérite du défunt; l'autre s'y présente guidé par un sentiment d'amitié. Celui-ci veut faire honneur à l'invitation qui lui a été adressée, celui-là remplir un devoir de convenance. — Le défunt était-il père de famille? On s'apitoie sur les orphelins qu'il délaisse; on rappelle les bons termes dans lesquels on était avec lui; on regrette de l'avoir perdu d'une manière si inattendue. D'autres s'entretiennent des circonstances de sa mort, soit qu'elle l'ait surpris inopinément, soit qu'elle ait été amenée par une longue et douloureuse maladie. Qui aurait cru, dit l'un, qu'un tel colosse serait si vite renversé? Qu'il est heureux, dit l'autre, d'être enfin délivré de ses

atroces souffrances! Ici retentit l'éloge de ses vertus, là se fait entendre la critique de ses faiblesses ou de ses défauts. Mais nous cher-
chons inutilement des hommes qui se considèrent dans le miroir
qu'ils ont sous les yeux; qui fassent un salutaire retour sur eux-
mêmes; qui, voyant dans le défunt, dont ils suivent la dépouille, le
sort qui les attend, prennent sérieusement la résolution de régler leur
conduite de manière à rendre leur mort précieuse devant le Seigneur.
Cependant c'est là l'effet que devrait produire en nous l'image de la
mort. Les défunts auxquels nous rendons les derniers honneurs sont
pour nous des prédicateurs, à la voix desquels nous devons ouvrir nos
oreilles et nos cœurs. Et que nous disent-ils? Ils nous disent que nous
mourrons comme eux; que la mort nous dépouillera de tout, et que
les vertus et les bonnes œuvres peuvent seules nous procurer une fin
bienheureuse.»

Là l'orateur démontre la touchante ressemblance des pauvres avec
Jésus-Christ:

«O mon frère en notre Seigneur, qui êtes condamné à vivre de
privations, ne pleurez point et ne vous désolez point. Écoutez plutôt
saint Paul qui vous crie que Jésus-Christ d'infiniment riche qu'il était
s'est rendu pauvre pour nous. Quelle consolation pour celui qui aime
Dieu!

«Vous êtes né, dites-vous, d'un père et d'une mère pauvres, et vous
n'avez que des pauvres pour parents et amis. Mais Jésus fut-il mieux
traité? Jamais enfant naquit-il dans un plus complet dénûment? Sa
mère était pauvre et son père nourricier un artisan sans fortune; et
il n'admit dans son intimité que ceux dont la pauvreté était le partage.
— Vous habitez un misérable galetas. Mais Jésus possédait-il une
maison? Ne lisons-nous pas qu'il ne trouva pas même asile dans
l'hôtellerie; qu'une étable fut sa première demeure; qu'en Égypte il
logea chez des étrangers, et que le lieu qu'il habita à Nazareth n'était
qu'une espèce de chaumière? — Vous n'avez point d'argent. De quels
fonds disposait Jésus? Ne le trouvons-nous pas dans l'impossibilité
d'acquitter l'impôt des drachmes, et ne fut-il pas obligé d'opérer un
miracle pour ne pas avoir l'air de mépriser la loi? — Vous gagnez
péniblement votre vie. Jésus n'a-t-il pas aussi mangé son pain à la
sueur de son front dans les durs travaux de la charpenterie? — Vous
êtes privé de toute propriété. Mais avez-vous jamais entendu dire
que Jésus fut propriétaire? — Vous êtes vêtu de haillons. Mais Jésus
avait-il une riche garde-robe, lui qui défendit à ses apôtres d'avoir

deux tuniques? — Vous souffrez souvent de la faim et de la soif. Jésus n'a-t-il pas passé par la même épreuve? Ne fut-il pas affamé dans le désert et ne se plaignit-il pas de la soif sur la croix? — Vous êtes forcé de recourir à la charité. Mais Jésus ne vivait-il pas sur des fonds fournis par la bienfaisance? Et ne se trouva-t-il pas un jour dans un dénûment si complet que ses disciples durent arracher des épis pour apaiser leur faim? — Vous êtes méprisé de tout le monde. De quoi vous plaignez-vous? Jésus n'a-t-il pas dit par la bouche du prophète : *Je ne suis pas un homme, mais un ver de terre; je suis l'opprobre des mortels et le rebut de la populace?* — Votre lit n'est qu'un chétif grabat. Mais Jésus ne vous a-t-il pas dit que, tandis que les renards ont des tanières et les oiseaux des nids, il n'a pas, lui, où reposer sa tête? — Vous ne laisserez à votre famille que la misère pour héritage. Qu'a donc laissé Jésus à sa mère? Et ne fut-il pas inhumé dans un tombeau étranger? — Il ne vous reste donc qu'à vous écrier : Grâces à Dieu! je suis le compagnon de Jésus, la copie vivante de mon Sauveur. Je veux donc me réjouir d'être pauvre avec Jésus, et me souvenir que le serviteur n'est pas plus que le maître.»

L'orateur veut-il démontrer la nécessité d'un chef visible de l'Église, il lance des arguments aussi brefs que concluants :

«L'Église est comparée, dans l'Évangile, tantôt à un royaume, tantôt à un bercail; ici, à une maison, là, à un vaisseau. Or, un royaume sans roi est facile à détruire; un bercail sans pasteur ne tiendra pas longtemps contre l'assaut des loups; une maison sans maître sera bientôt pillée; un vaisseau sans pilote ne tardera pas à faire naufrage. L'Église est une armée destinée à combattre le monde et l'enfer; mais qu'est-ce qu'une armée sans général? Une proie facile pour l'ennemi. Donc un chef est nécessaire pour la perpétuité et l'immutabilité de l'Église.»

Nous nous bornons aux passages que nous venons de reproduire. Tel l'abbé Mühe était dans ces citations, tel il était dans tous ses discours. Pensées toujours justes, langage constamment à la hauteur des pensées, abondance de développement avec absence de tout verbiage, raisonnements clairs et solides, admirables et fréquents mouvements oratoires, habileté dans le choix des sujets : voilà les caractères de son éloquence.

XII.

RELATIONS DE L'ABBÉ MÜHE.

L'étonnante activité de l'abbé Mühe devait le mettre en relation
avec une foule d'ecclésiastiques de tout ordre et de tout rang. Les plus
anciennes de ces relations, celles qui paraissaient lui être les plus
chères, furent celles qu'il entretint avec la Compagnie de Jésus qui
était pour lui l'objet d'une espèce de culte. Ce sentiment de profonde
vénération et de vif attachement lui avait été inspiré par l'abbé
Le Roux, dont nous avons déjà fait mention.

Cet ecclésiastique, qui fut jusqu'à sa mort (1826) l'ami intime, en
même temps que le directeur spirituel de l'abbé Mühe, était entré
dans la Compagnie peu de temps avant sa suppression. Cet événement
lui causa un immense chagrin. Aussi, lorsqu'elle eut été rétablie par
Sa Sainteté Pie VII, son ancien attachement retrouva toute sa vivacité,
et il lui prouva son dévouement inaltérable par les efforts qu'il ne
cessa de faire pour lui procurer des sujets.[1] Nous avons des motifs
pour croire que c'est son influence, au moins indirecte, qui décida
la vocation du P. Neltner, le premier Alsacien qui se fit recevoir dans
la Compagnie. L'abbé Le Roux était un des vicaires de la Cathédrale,
lorsque l'abbé Mühe entra dans le clergé de cette église. Il était affligé
d'une grave infirmité qui l'empêchait de faire de fréquentes et surtout
de longues courses; mais il rétablissait l'équilibre dans les fatigues
dévolues aux vicaires, par ses longues séances au confessionnal, où il
passait habituellement la majeure partie de la journée. On se rendait
auprès de lui de toutes les paroisses de la ville et de beaucoup de paroisses *extra muros*. Mais il ne fournit jamais le moindre sujet de
plainte aux curés dont quelques paroissiens étaient ses pénitents habi-
tués; car il était un confesseur instruit, sévère, consciencieux, auquel
on ne s'adressait pas impunément lorsqu'il soupçonnait ou découvrait
des motifs intéressés.

---

[1] Une de ses pénitentes, veuve d'un officier, se plaignait un jour à lui de ce que
son fils unique voulait se faire Jésuite. Pour toute consolation, l'abbé Le Roux lui
dit : « *Madame, Dieu vous fait beaucoup d'honneur en vous jugeant digne de donner
votre fils à la Compagnie du sien.* »

L'abbé Le Roux était un grand bibliophile, mais dans une certaine spécialité. C'était un infatigable collectionneur d'ouvrages édités par les Jésuites. Sa bibliothèque était presque exclusivement composée de livres ayant cette origine. Il connaissait à peu près tous les Jésuites qui avaient produit des œuvres littéraires, ainsi que le titre de ces œuvres.

C'est dans les entretiens de ce saint prêtre que l'abbé Mühe puisa son affection pour la Compagnie de Jésus. Il avait tant de confiance en cet ecclésiastique, qu'on pouvait lui appliquer ce que l'Évangile rapporte des sentiments d'Hérode à l'égard de saint Jean-Baptiste, *qu'il se conduisait en beaucoup de choses d'après ses avis et qu'il l'écoutait volontiers.*[1] Nous pouvons ajouter qu'il l'imitait. En effet, ce manteau qui ressemblait à la défroque d'un vieux soldat, et ce chapeau troué, qui paraissait n'avoir pas eu de prédécesseur, étaient un legs moral que lui avait fait l'abbé Le Roux, qui circulait dans la ville avec un accoutrement tout semblable. Cette circonstance rappelle le fait du grand saint Antoine qui, par respect pour saint Paul, s'affublait, aux jours de fête, de la tunique de feuilles de palmier qu'avait portée cet illustre fondateur de la vie érémitique.

L'attachement de l'abbé Mühe pour la Compagnie de Jésus ne fut pas un sentiment stérile. Il observa à son égard la recommandation de saint Jean l'Évangéliste : « *N'aimons ni de parole, ni de langue, mais par les œuvres et en vérité.* »[2] Car, outre qu'il lui procura un bon nombre d'excellents sujets, il lui légua, par testament, sa bibliothèque, qui se distinguait autant par le nombre des volumes que par le choix des ouvrages. Il avait commencé très-jeune à bouquiner et avait profité largement des nombreuses occasions que l'on eut, après les guerres du premier empire, de se procurer des ouvrages anciens, rares et précieux. Des bibliothèques entières de couvents étaient vendues au poids. La Compagnie hérita également de ses sermons et de ses autres papiers et manuscrits. Aussi longtemps qu'elle n'eut pas de maison en Alsace, son logement fut le pied-à-terre de presque tous les Jésuites qui passaient par Strasbourg. Une fois il hébergea toute une petite caravane de ces religieux qui venaient de la Russie et au nombre desquels se trouvait le P. Rothaan, plus tard général de l'Ordre. L'illustre

[1] S. Marc. VI, 20.
[2] S. Jean III.

P. de Maccarthy le visitait assidûment pendant les deux stations qu'il prêcha à la Cathédrale.

La vénération affectueuse de l'abbé Mühe pour la Compagnie de Jésus se manifestait également par une tendre dévotion envers les Saints qu'elle a enfantés et formés. Outre le culte de saint François-Xavier et de saint Louis de Gonzague, dont il fut le zélé propagateur, il honorait d'une manière toute particulière saint Ignace, dont il avait placé la statue sur un autel qui se trouvait dans la chapelle de la Croix. En toute occasion, il recommandait le recours à ce grand Saint, ainsi qu'à tous ses fils spirituels que l'Église a béatifiés ou canonisés. On peut admettre, sans risquer de se tromper, qu'en professant une si haute et si publique estime pour la Compagnie de Jésus, il a préparé les voies à son établissement dans notre cité, ainsi qu'en Alsace.

Ses relations avec les Trappistes d'OElenberg étaient également très-intimes, surtout dans les premiers temps de leur établissement en Alsace. Nous nous souvenons d'avoir vu souvent le T. R. P. Pierre, abbé du monastère, chez l'abbé Mühe, et nous ne doutons point qu'il n'ait reçu de ce dernier des conseils et des encouragements.

Quant au clergé séculier, il était rare que des ecclésiastiques de quelque renom, surtout de l'Allemagne, vinssent à Strasbourg sans se donner la satisfaction de faire sa connaissance, attirés qu'ils étaient par sa grande réputation d'orateur populaire. Il en était de même des laïques distingués et animés d'un véritable sentiment religieux. Le célèbre Gœrres, une des illustrations de la littérature allemande de notre époque, le voyait familièrement, lorsqu'il faisait quelque séjour dans la capitale de l'Alsace; car, dans le domaine des connaissances religieuses, l'abbé Mühe soutenait, d'une manière intéressante, la conversation avec les plus savants. Tous sortaient de chez lui pénétrés d'estime pour sa personne et convaincus qu'il suivait, autant que sa position l'exigeait, les progrès de la science ecclésiastique.

Le nom de l'abbé Mühe était avantageusement connu à Rome. Il existe probablement peu de prêtres, n'ayant que le titre modeste de vicaire-prédicateur, qui aient obtenu autant de faveurs spirituelles, soit pour leur personne, soit pour les œuvres dont ils étaient les fondateurs ou les propagateurs. Les demandes qu'il adressait aux Souverains-Pontifes étaient toujours favorablement accueillies, lors même qu'elles ne leur parvenaient point par le secrétariat de l'Évêché, tant était grande la confiance que l'on avait en lui dans les diverses chancelleries. Il obtint même un don qui n'est ordinairement accordé qu'à des Évêques, celui d'un corps saint des catacombes. [1]

Parmi les distinctions dont il fut honoré nous mentionnerons : un indult de 1821, lui donnant le pouvoir d'appliquer, trois fois par semaine, pour son usage personnel, à un autel de son choix, les avantages d'un autel privilégié ; — un indult de 1832, pour la récitation du bréviaire romain, comme à Rome même ; — un indult de 1848, l'autorisant à réciter l'office de l'Immaculée-Conception les samedis non empêchés ; — le titre de missionnaire apostolique, conféré par décret de la Congrégation de la Propagande, en date du 25 janvier 1851. — Il était constamment en possession du pouvoir d'appliquer les indulgences sur tous les objets qui sont, par destination, susceptibles d'être indulgenciés.

Aux faveurs qui émanaient immédiatement de la cour romaine, il faut joindre celles qu'il en recevait médiatement, par le canal des supérieurs de différents Ordres et de congrégations religieuses. C'est ainsi qu'il fut autorisé, par le supérieur de l'Ordre des Camaldules, à bénir et à indulgencier les chapelets appelés *Couronnes du Seigneur*, en l'honneur de la passion et de la mort de Jésus-Christ, et les chapelets de l'Immaculée-Conception ; — par le général des Carmélites, à donner le scapulaire de Notre-Dame-du-Mont-Carmel ; — par le général des Dominicains, à recevoir dans l'archiconfrérie du saint Rosaire.

Nous devons aussi mentionner la nomination de l'abbé Mühe, en 1842, à un canonicat titulaire de la Cathédrale, par Mgr. de Trévern. Ce Prélat, qui avait passé une série d'années en Angleterre, la patrie du phlegme, et qui était lui-même conférencier plutôt qu'orateur, ne goûta pas d'abord le genre de prédication de cet ecclésiastique. Cette vivacité d'action et ces éclats de voix, qui lui étaient propres, contrastaient, en effet, avec le calme avec lequel il avait coutume de parler en public, avant et depuis son épiscopat. On lui attribua même le

[1] A une certaine époque, environ de 1820 à 1830, un certain Bossert faisait annuellement, une ou deux fois, un voyage à la ville éternelle. De tous côtés on le chargeait de commissions ; mais sa meilleure pratique était incontestablement l'abbé Mühe. Aussi, lorsqu'il revenait de la capitale du monde chrétien, il avait toujours une cargaison spéciale à son adresse. C'étaient une provision de médailles, de croix et de chapelets bénits par le Saint-Père, des reliques, des diplômes conférant différents pouvoirs, et autres objets semblables.

lessein de lui retirer le titre de prédicateur dominical. Quoi qu'il en
soit, Mgr. de Trèvern, éclairé par l'expérience et instruit des travaux,
le la vogue et des succès de l'abbé Mühe, non-seulement déposa ses
préventions contre sa méthode oratoire, mais lui voua une estime et
une confiance qui ne se démentirent jamais. Ce fut sans doute pour
lui donner une preuve de ses sentiments qu'il le nomma chanoine
titulaire. L'abbé Mühe refusa modestement le titre qui lui était offert,
tant parce qu'il avait formé la résolution de n'accepter aucune dignité
ecclésiastique, que parce qu'il tenait par le fond de ses entrailles à
l'exercice de la prédication. Il semblait ambitionner le bonheur de
terminer ses jours en chaire; et il était éminemment digne de voir
son ambition couronnée de succès.

Nous ne saurions parler de la personne de Mgr. de Trèvern sans
parler des travaux théologiques de ce prélat. Tout le monde connaît
sa *Discussion amicale* en deux volumes. C'est un écrit de controverse
d'une remarquable solidité, qu'il composa à l'adresse de l'anglica-
nisme, et dont il défendit victorieusement les principes, dans un volume supplémentaire, lorsqu'il eut été attaqué par le bachelier en
théologie Stanley-Faber. Mais ce que l'on ne connaît pas assez, c'est
qu'il ouvrit, par cette savante controverse, la voie à la révolution
religieuse qui s'opère en Angleterre. Il eut l'honneur et le bonheur de
donner le branle aux esprits avides de vérité; et l'on peut dire qu'une
grande partie des conversions qui continuent de réjouir le cœur de
notre sainte mère l'Église doit être attribuée à ses œuvres.

Son administration épiscopale dans le diocèse de Strasbourg fut
marquée par un événement qui mérite également de ne pas tomber en
oubli, parce qu'il fait ressortir la vigilance d'un évêque catholique
quand il s'agit de la conservation du précieux dépôt de la foi.

Plusieurs jeunes hommes, issus les uns de familles catholiques et
les autres de familles israélites, et ayant à leur tête un jeune professeur de philosophie dont le cours avait été suspendu pour manifestation de principes qui n'avaient point l'approbation du ministre des
Cultes, avaient pris la généreuse résolution, les uns d'embrasser la
religion catholique, les autres de se rallier sincèrement à ses pratiques.
Fidèles à la grâce, ils allèrent trouver Mgr. de Trèvern, lui déclarèrent qu'ils avaient l'intention et le désir d'entrer dans les ordres sacrés et se mirent à sa disposition.

Cette démarche, pleine de sincérité, remplit de consolation l'âme
du prélat. Mais, séduit par le zèle ardent que ces intéressants convertis

firent paraître pour la religion, et en quelque sorte impatient de leur procurer au plus tôt l'occasion de l'exercer, il les admit, sans les soumettre préalablement, comme les autres aspirants au sacerdoce, à des études théologiques fortes et régulières. La satisfaction qu'il éprouvait lui avait fait oublier ce qu'il lui en avait coûté de temps à lui-même pour devenir un théologien exact, ainsi qu'un heureux et habile controversiste.

Cette éducation théologique, un peu trop précipitée, avait de sérieux inconvénients. Elle fut cause que celui d'entre eux qu'ils regardaient comme leur maître tomba de bonne foi et les entraîna eux-mêmes dans de graves inexactitudes qui, poussées à leurs dernières conséquences, pouvaient devenir un danger pour la religion qu'ils enseignaient. Le vigilant prélat commença par donner de charitables avertissements. Mais, ayant éprouvé de la résistance de la part de ceux dont il voulait rectifier les opinions et redresser les écarts, il n'hésita point, après avoir fait examiner leurs assertions par une société de théologiens, à condamner canoniquement les erreurs philosophico-religieuses qu'il avait signalées. A la suite de nouvelles explications, il eut la satisfaction de voir ce regrettable incident terminé par un acte de soumission.

XIII.

FONCTIONS D'AUMONIER, DE PROFESSEUR ET DE CONFESSEUR.

Le zèle, la science et la piété de l'abbé Mühe engagèrent ses supérieurs à lui confier ou à lui permettre d'accepter plusieurs fonctions accessoires qui étendirent son influence sur toutes les parties du diocèse : ce furent celles d'aumônier de l'École Normale, de professeur de pastorale au Grand-Séminaire et la charge de confesseur dans les deux séminaires.

Personne n'ignore de quelle importance il est, sous tous les rapports, que les communes soient pourvues d'instituteurs chez lesquels la religion marche de pair avec l'instruction. Dans de telles conditions, ces honorables et modestes fonctionnaires sont comme le bras droit du curé, auquel leur coopération est, en quelque sorte, indispensable. Aussi remarque-t-on que, dans les communes qui ont l'avantage de posséder de tels instituteurs, les curés ont rarement à lutter contre ces difficultés et ces oppositions qui rendent ailleurs leur ministère si pénible et souvent si stérile.

Cette importance empruntait une gravité toute particulière de l'époque où l'École Normale fut établie. On était à peine sorti du chaos révolutionnaire, auquel avaient succédé les troubles de la guerre avec l'enivrement des victoires. Ces circonstances devaient nécessairement retarder la réparation des ruines religieuses et morales que la Révolution avait accumulées. Pour donner satisfaction aux premiers besoins de la société si fortement ébranlée, il fallait pourvoir les écoles d'un personnel dont l'éducation avait dû être plus ou moins précipitée. Mais, comme la religion possède assez de force pour empêcher une instruction défectueuse d'être plutôt funeste qu'utile, il était urgent que les nouveaux instituteurs eussent, avec des connaissances littéraires plus ou moins incomplètes, un fonds solide de religion, afin de contribuer, avec les curés, à replacer la société sur ses anciennes bases.

Un pareil résultat fut la préoccupation constante du préfet, fondateur de l'École Normale, et surtout de l'abbé Jæglé, son premier directeur. Celui-ci fit donc appel au dévouement de l'abbé Mühe qui, par son acceptation empressée et son active coopération, fut associé à l'honneur de travailler au développement d'une œuvre si riche d'espérances.

Comme le plus grand nombre des instituteurs actuellement en fonctions ont, comme on dit, passé par ses mains, il est facile de comprendre quelle action salutaire l'abbé Mühe a exercée et continue d'exercer encore dans les communes catholiques d'Alsace, si, comme nous aimons à le croire, la plupart de ses élèves et enfants spirituels ont soigneusement conservé les principes qu'il leur a inculqués, et s'ils suivent fidèlement, dans la partie de l'enseignement religieux qui leur est dévolue, les bons avis qu'ils ont reçus de lui.

La charge de confesseur dans les deux séminaires fut, pour l'abbé Mühe, une charge dans toute l'étendue et toute la force de l'expression. Au Petit-Séminaire, qui est la première pépinière du clergé, il s'agit de discerner ceux que Dieu a choisis pour servir dans son sanctuaire ; de diriger leurs pensées et leurs affections vers un si noble but ; de les accoutumer à la pratique des exercices qui sont de nature à entretenir dans leurs cœurs des sentiments conformes à leur sublime vocation ; de leur faire aimer et désirer le saint état auquel ils sont appelés par la Providence ; de prévoir, pour les écarter, les causes d'inconstance, de découragement ou d'illusions qui pourraient mettre obstacle à l'accomplissement des desseins de Dieu. C'est là un travail sérieux et de longue haleine, auquel la moindre interruption pourrait causer un préjudice irréparable. S'agit-il du Grand-Séminaire, la charge est encore plus pénible. Il faut à un confesseur une grande somme de prudence, de douceur et de fermeté pour conduire à bonne fin une œuvre à laquelle l'ennemi du salut et le monde sont aussi ardents qu'habiles à créer des empêchements. Combien n'a-t-on pas vu de jeunes gens qui, arrivés jusqu'au seuil du sanctuaire, ont refusé de le franchir, par l'effet de tentations auxquelles ils ont eu le malheur de succomber, après avoir déjà vaincu une foule d'obstacles ! Un confesseur, qui connaît les ruses du démon et les artifices du monde, doit donc continuellement veiller sur les vocations qui paraissent réelles et décidées ; guider, soutenir, encourager, fortifier, consoler ceux que le Seigneur s'est réservés, afin de leur faire éviter le double piége, ou de se laisser rebuter par une crainte excessive de la responsabilité sacerdotale, ou de se laisser prendre à l'appât d'une position avantageuse dans le siècle. L'accomplissement d'une pareille tâche exige beaucoup de temps, cause beaucoup de soucis, oblige à beaucoup de prévoyance, demande beaucoup de patience. Quand on réfléchit que ce travail n'a pas pour objet un seul individu, mais qu'il embrasse simultanément une foule de personnes, à chacune desquelles il s'attache pendant une longue série d'années, l'on comprendra qu'il faut, pour s'en acquitter, un dévouement vraiment héroïque.

Cependant l'abbé Mühe a porté ce lourd fardeau pendant presque toute la durée de sa longue carrière sacerdotale, sans se plaindre et sans chercher, comme son âge et surtout ses infirmités l'y autorisaient, à se soustraire à des occupations si pénibles. Tous ceux qui, durant cette longue série d'années, ont été l'objet de ses soins, lui rendront le témoignage que son zèle pour leur avancement spirituel ne s'est jamais refroidi ; que, s'ils n'ont pas répondu à leur vocation, il n'y a pas eu de sa faute, et que, s'ils y ont été fidèles, ils le doivent principalement aux efforts qu'il fit pour les maintenir dans les voies de la persévérance.

L'estime dont jouissait l'abbé Mühe comme confesseur était générale. Aussi plusieurs des évêques de notre diocèse se sont-ils mis sous sa direction spirituelle, témoignant ainsi combien ils approuvaient le ministère qu'il remplissait auprès des élèves de leurs deux pépinières sacerdotales.

A ces occupations, qui ont absorbé une grande partie de sa vie, l'abbé Mühe ajoutait celles de professeur de pastorale, c'est-à-dire de cette partie de l'enseignement théologique qui comprend l'administration spirituelle des paroisses. Il fut nommé à cette chaire en 1830, époque où une expérience personnelle de dix-huit années l'avait rendu éminemment capable d'enseigner, avec une incontestable autorité, aux aspirants à la prêtrise ce que saint Grégoire appelle, avec tant de raison, l'*art des arts*, c'est-à-dire les moyens d'obtenir des succès décisifs et durables dans l'exercice du saint ministère.

Le bien opéré par l'abbé Mühe, dans sa double qualité de confesseur et de professeur, est immense, et il n'existe certainement, dans le diocèse, aucune paroisse qui n'en ait eu sa part. Aussi sa mémoire est-elle universellement en bénédiction.

Ce qui entretenait et souvent augmentait la salutaire influence qu'il exerçait en dehors de son cercle ordinaire d'activité, c'est qu'un grand nombre de ses anciens élèves et pénitents continuaient de le consulter, dans leurs doutes, dans leurs difficultés, dans leurs luttes entreprises pour le bien des âmes. Il nous est arrivé rarement de nous trouver avec des confrères qui ne nous aient demandé, avant toute autre chose, sur le ton de la plus haute estime, du plus profond respect et du plus vif intérêt, des nouvelles de l'abbé Mühe.

XIII.

SOINS CONSACRÉS PAR L'ABBÉ MÜHE AU SALUT DE SA PROPRE AME.

En prenant soin de tant de personnes et de tant de choses, l'abbé Mühe était loin de s'oublier lui-même. Il n'entendait pas procurer le salut de ses frères aux dépens du sien. Il consacrait donc à la culture de son esprit, de son âme et de son cœur, tout le temps qu'il pouvait soustraire à ses nombreuses occupations. Il semblait qu'à l'exemple de quelques Saints, il eût fait le vœu de ne pas perdre un seul des moments précieux que le Seigneur avait daigné mettre à sa disposition. Quand on lui adressait des observations sur cette activité incessante, en lui conseillant de s'en relâcher par intervalles, il répondait que le repos qui ne devait plus éprouver d'interruption était le seul qu'il ambitionnait, selon cette parole de l'Apocalypse : «*Heureux ceux qui meurent dans le Seigneur! Dès à présent ils se reposeront de leurs tra-vaux; car leurs œuvres les suivent.»* (Apoc. XIV, 13.)

L'abbé Mühe n'était point de ceux, qui croyant en savoir assez pour les fonctions qu'ils ont à remplir, négligent d'augmenter la somme de leurs connaissances. Se rappelant cette parole du prophète Malachie (II, 7) : «*Les lèvres du prêtre garderont la science, et l'on recherchera la loi de sa bouche, parce qu'il est l'ange du Seigneur des armées,*» il ne mit jamais de terme à ses études. A une connaissance très-étendue des livres composés dans les siècles antérieurs, il joignait celle des ouvrages modernes. Il était au courant de toutes les publications sérieuses, in-téressant la religion. Ses élèves de pastorale admiraient la facilité et la lucidité avec lesquelles il analysait une foule d'ouvrages dont il leur recommandait la lecture. Son cours se distinguait par une richesse de citations, et par une abondance d'anecdotes, de traits d'histoire, de comparaisons, qui dénotent un lecteur assidu. Quand on lui adressait des questions sur des personnages historiques appartenant au domaine de la religion, l'on se convainquait, par la précision de ses réponses, que rien de ce qui peut et doit intéresser un prêtre ne lui était étranger.

Se souvenant de la sainte frayeur dont l'Apôtre des nations était rempli en pensant que ses travaux, pour le salut des autres, n'étaient point une garantie absolue de son propre salut, et que, pour assurer le sien, il devait pratiquer lui-même ce qu'il ordonnait ou conseillait aux autres, l'abbé Mühe ne négligeait rien pour opérer sa sanctifi-cation personnelle. Sans doute, il ne nous a pas été donné de savoir, avec précision et détails, ce qu'il pratiquait dans ce but; mais, en raisonnant par induction sur des faits connus, on arrive à des résultats bien édifiants.

L'impeccabilité n'est le privilége d'aucun mortel. Le plus éminent degré de vertu ne saurait donner la moindre sécurité. L'homme le plus saint peut déchoir et tomber dans la damnation, comme le plus grand pécheur peut se convertir et arriver au salut. Ces vérités sont la conséquence immédiate de la recommandation que Jésus-Christ nous a faite de *veiller* et de *prier,* afin de ne point devenir victimes des ten-tations, auxquelles les prêtres sont encore plus exposés que les simples fidèles. En effet, comme les persécuteurs couronnés des premiers siècles s'attaquaient avant tout au sacerdoce, et s'efforçaient de dé-truire le christianisme en faisant périr ceux qui le propageaient, de même le Prince des ténèbres s'acharne de préférence contre les mi-

nistres de Jésus-Christ, puisqu'après avoir frappé le pasteur, il aura
moins de peine à égorger ou à disperser les brebis. Pénétré de ces
vérités, et ne se croyant pas, selon la remarque de saint Jérôme, plus
fort que *Samson*, ni plus saint que *David*, ni plus sage que *Salomon*,
il se servait d'un moyen qui était aussi utile à ses confrères, par l'édification qu'ils en recevaient, qu'à lui-même par les avantages spirituels qu'il en recueillait. Il suivait, autant que possible, les exercices
de toutes les retraites ecclésiastiques, même des retraites données
exclusivement aux élèves du Grand-Séminaire qui se préparaient à
recevoir les saints ordres. On s'étonne avec raison d'une telle assiduité,
quand on songe qu'il devait consacrer une partie notable du temps,
laissé libre entre les exercices, à entendre les confessions de la plupart
des ordinands.

Non content de profiter de toutes les occasions pour entendre proclamer les devoirs du prêtre, pour voir exposer le tableau des vertus
sacerdotales, pour être rendu attentif aux dangers auxquels sont exposés ceux qui travaillent dans le ministère sacré, l'abbé Mühe avait
soin de noter par écrit tout ce qui l'avait plus particulièrement frappé ou
touché. Ses manuscrits contiennent un grand nombre d'analyses des
discours qui avaient été prononcés par les prédicateurs des retraites
auxquelles il avait assisté. En collationnant ces différentes notes, on
en formerait d'excellents plans pour des exercices de ce genre. Aussi
sommes-nous persuadé que, s'il avait été chargé de prêcher une retraite ecclésiastique, ce qui serait probablement arrivé si ses occupations lui avaient permis d'accepter un pareil honneur, il se fût
distingué en ce genre de prédication. Cette observation nous rappelle
que M. Liebermann, dont nous avons parlé au paragraphe II, fut
chargé par Mgr. Tharin de diriger les exercices d'une retraite.[1] Tous
les prêtres qui y assistèrent, en ont conservé le souvenir et ont rendu
au prédicateur, d'une voix unanime, le témoignage, qu'il avait rempli
admirablement les trois conditions de l'orateur : *plaire, instruire,
toucher.*

En s'associant ainsi aux exercices d'un si grand nombre de retraites,
l'abbé Mühe avait l'intention de se conformer aux recommandations
que saint Paul adressa itérativement à son cher disciple Timothée. «*Je*

---

[1] C'est sous l'administration de Mgr. Tharin que les retraites ecclésiastiques ont
été introduites.

vous exhorte, lui écrit-il, *à ranimer en vous la grâce que vous avez reçue par l'imposition de mes mains. Appliquez-vous à la lecture, à l'exhortation et à l'instruction. Méditez ces choses ; soyez-en toujours occupé, afin que votre avancement soit connu de tous. En agissant ainsi, vous vous sauverez vous-même et ceux qui vous écoutent.* »[1]

Les saints Pères et les interprètes expliquent de plusieurs manières la grâce dont parle l'apôtre ; mais nous ne nous écarterons pas du sens véritable en entendant par ce mot l'esprit sacerdotal, qui est un des admirables effets du sacrement de l'ordre.

Saint Paul ne s'est point borné à faire ces importantes recommandations à celui qu'il avait établi évêque d'Éphèse ; il lui indiqua en même temps les moyens de ranimer, puis de conserver cette grâce aussi précieuse que nécessaire. Ce sont la *lecture* des divines Écritures, l'*exhortation* que le prêtre s'adresse à lui-même et à ceux dont les âmes lui sont confiées, et l'*instruction*, c'est-à-dire l'étude. L'emploi de ces moyens ne doit point souffrir d'interruption ; car, comme le fer se rouille lorsqu'il ne sert à aucun usage ; comme l'or même perd son éclat quand il n'est l'objet d'aucun soin, de même l'esprit sacerdotal s'affaiblit et finit par s'éteindre lorsqu'il est privé de son aliment naturel.

Un autre moyen qu'employa l'abbé Mühe tant pour le succès de son ministère que dans l'intérêt de sa sanctification personnelle, fut le recours aux prières des âmes pieuses, à l'exemple de saint Paul, qui réclamait avec les plus vives instances les suffrages des fidèles. Rien de plus touchant que l'invitation pressante adressée par cet apôtre à ceux qu'il avait engendrés en Jésus-Christ, ou qu'il cherchait à fortifier dans la foi.

«Je vous conjure, mes frères, écrit-il aux Romains, par Jésus-«Christ notre Seigneur, et par la charité du Saint-Esprit, de m'aider «par les prières que vous ferez à Dieu pour moi (XV, 30).»

«Pourvu que Jésus-Christ soit annoncé, dit-il aux Philippiens, de «quelque manière que ce puisse être, soit par occasion, soit par un vrai «zèle ; — car je sais que cela tournera à mon salut par vos prières (I, 18).»

Il s'adresse aux Colossiens en ces termes : «Priez pour nous ; de-«mandez à Dieu qu'il nous ouvre une porte à la prédication de sa «parole, afin d'annoncer le mystère de Jésus-Christ (IV, 3).»

---

[1] 1re Épître, IV, 14-16.

Enfin, écrivant aux Thessaloniciens, il s'exprime ainsi : « Priez pour
« nous, afin que la parole de Dieu se propage et qu'elle soit partout
« glorifiée comme au milieu de vous (III, 1). »

Les textes que nous venons de citer prouvent que saint Paul attri-
buait une grande efficacité aux prières des fidèles tant pour opérer
son propre salut, que pour procurer celui des autres, puisqu'il leur
faisait honneur des victoires qu'il remportait sur l'enfer et sur le
monde.

Instruit par cette pratique du grand apôtre, l'abbé Mühe faisait
appel, afin d'obtenir des grâces plus abondantes, non-seulement à
l'intercession des Saints du ciel, mais encore à celle des personnes qui,
sur la terre, avaient à cœur la gloire de Dieu et l'exaltation de l'Église.

Dans ce but il sollicita l'affiliation à un grand nombre de congrégations religieuses, surtout à celles dont les membres ont la prière pour
principale occupation. En 1822, il fut affilié au monastère de la Trappe
près de Mortagne ; — en 1824, au monastère de la Trappe d'OElenberg
et à celui de Darfelden en Westphalie ; — en 1825, au monastère de
la Trappe de Laval ; — en 1828, à la société de Marie de Bordeaux ;
— en 1841, au monastère de la Trappe du Val-de-Sainte-Marie ; —
en 1848, au Tiers-Ordre de saint Dominique ; — en 1861, à l'Ordre
de Cîteaux de Notre-Dame-de-Sénaque ; — en 1862, au monastère
des Dames réparatrices. — Et d'après ce que nous avons dit de ses relations avec la Compagnie de Jésus, à laquelle il appartenait d'esprit
et de cœur, il ne pouvait manquer d'être associé aux mérites des
prières et des bonnes œuvres de ses membres.

Son affiliation est constatée par un titre daté du 21 juin 1830 et portant la signature du Révérend Père Rothaan, général de l'Ordre. Ce
général avait pour l'abbé Mühe la plus haute estime et l'honorait de
la plus sincère amitié. Voici le postscriptum d'une correspondance du
21 juillet 1846. « Je ne laisse jamais de m'informer de la santé de
notre excellent M. Mühe, toutes les fois qu'il se présente ici quelque
Strasbourgeois. De ces derniers venus j'appris avec peine que vous
étiez souffrant plus qu'à l'ordinaire, tout en continuant d'être l'apôtre
de Strasbourg. Je ne cesserai de prier le Seigneur qu'il daigne vous
conserver longtemps encore pour tant de bonnes œuvres qui vous oc-
cupent si bien depuis tant d'années. Adieu, adieu, mon cher M. Mühe ;
vous me permettrez sans doute cette expression d'amitié et d'affection
ancienne qui date d'un quart de siècle. — Jean Rothaan.

Outre ces affiliations qui lui donnaient droit et part à une infinité

de prières, il était membre des confréries ou associations qu'il dirigeait ou patronait, ainsi que de la plupart des confréries établies dans
sa ville natale. En 1834, il s'était fait recevoir dans le Tiers-Ordre de
Notre-Dame-des-Sept-Douleurs à Rome, et dès 1841, il était membre
de l'archiconfrérie de Notre-Dame-des-Victoires, à Paris.

On voit que l'abbé Mühe avait pour principe, que, lorsqu'il s'agit
du salut de l'âme, on ne saurait jamais être trop soigneux. Qu'elle
est admirable cette organisation établie par les apôtres sous le nom de
Communion des Saints, en vertu de laquelle les fidèles font, sous la
direction de l'Église, avec les biens spirituels ce que les premiers chrétiens faisaient même avec les biens temporels! Qu'il est touchant cet
échange de prières et de bonnes œuvres que font continuellement
entre eux les disciples du Christ, afin de s'entr'aider pour conquérir
plus facilement le royaume éternel! Si les précautions employées par
l'abbé Mühe ne sont, rigoureusement parlant, ni de nécessité de *précepte,* ni de nécessité de *moyen,* comme s'exprime la théologie, elles
indiquent au moins qu'il prenait au sérieux cette parole apostolique,
«que nous devons opérer notre salut avec crainte et tremblement,» et qu'il
était persuadé que, dans l'affaire la plus personnelle qui se puisse
imaginer, l'excès de précautions ne saurait nuire.

Un prêtre, qui pratiquait habituellement des exercices de piété si
nombreux et si variés, ne pouvait négliger celui qui tient parmi eux
un des premiers rangs, c'est-à-dire la dévotion envers la très-sainte
Vierge. Il le pouvait d'autant moins qu'en toute occasion il avait à la
bouche, comme il les portait gravées dans son cœur, ces remarquables
paroles de saint Bernard : «*Deus.., totius boni plenitudinem posuit in
Maria.... Totum voluit nos habere per Mariam;»* [1] paroles dont l'É-
glise a fait en quelque sorte sa devise, parce que, bien comprises, elles
expriment nettement et énergiquement sa conviction touchant le rôle
dévolu à la Mère du Christ dans l'économie du salut des hommes.

Dans le but de glorifier la Reine des cieux et d'augmenter le nombre de ses vrais serviteurs, il renouvela à Strasbourg une dévotion
qui datait du onzième siècle, et qui avait eu pour premier auteur le
pieux Marin, frère de saint Pierre Damien. Elle était intitulée le
saint esclavage de Marie, et consistait à se dévouer au culte de la très-

---

[1] «Dieu a placé en Marie la plénitude de tout bien. Il a voulu que tout bien nous
vint par Marie» (Sermon sur la *Nativité de la sainte Vierge*).

sainte Vierge jusqu'à consacrer à son service, ainsi qu'à la défense de ses prérogatives, sa personne, ses biens et même sa vie, si les circonstances l'exigeaient. Cette dévotion fut érigée en une confrérie dont les membres ajoutaient, à leurs prières ordinaires, quelques œuvres de piété surérogatoires, et portaient à leur cou, en signe de dépendance, une chaînette à laquelle était suspendu un petit crucifix. Le titre de saint esclavage ayant paru trop sévère pour notre époque, fut, plus tard, remplacé par celui de *Notre-Dame de protection*.

Dans son zèle pour le culte de la Mère de Dieu, l'abbé Mühe procura également l'établissement et la diffusion d'une confrérie en l'honneur de *Notre-Dame des douleurs*. Le but de cette confrérie était d'exciter les fidèles, par l'exemple de la sainte Vierge, à compatir aux souffrances de Jésus-Christ. La foi nous enseigne que le Fils de Dieu a souffert pour tous les hommes; mais elle nous avertit en même temps que les mérites de ses souffrances ne seront appliqués qu'à ceux qui auront souffert avec lui, c'est-à-dire, qui auront pratiqué des œuvres de pénitence et de mortification, en union avec les tourments qu'il a bien voulu endurer pour nous. «*Le Christ*, dit le prince des Apôtres, *a souffert pour nous, vous laissant un exemple afin que vous marchiez sur ses traces.*»[1] Et pour que ceux, qui n'auraient aucun crime à se reprocher, ne se croient point dispensés de se former d'après ce divin modèle, saint Pierre ajoute que «*Jésus-Christ n'a non plus commis de péché et que le mensonge ne s'est point trouvé dans sa bouche.*» Or, c'est dans une pieuse méditation des souffrances de l'Homme-Dieu que nous puisons les sentiments de componction, qui nous font pratiquer les différentes œuvres satisfactoires. Mais où trouvera-t-on un modèle plus accompli, dans l'exercice de la méditation des souffrances de Jésus-Christ, que Marie, qui, assistant au drame sanglant du Golgotha, fut abîmée dans une mer de douleurs, à la vue des douleurs de son fils, dont elle fit jusqu'à sa mort, l'objet des ses considérations les plus affectueuses? — Nous avons déjà fait observer, au paragraphe VIII, que les fidèles regardent avec raison la sainte Vierge comme le véritable auteur de la touchante et salutaire dévotion du *Chemin de la Croix*.

Le zèle de l'abbé Mühe à répandre le culte de la Reine des cieux se manifeste enfin dans les recommandations pressantes qu'il faisait

---

[1] 1ʳᵉ Épître, II, 21.

aux fidèles de célébrer toutes les fêtes de la sainte Vierge, supprimées, pour le for extérieur, par le Concordat, en assistant à la sainte messe, en recevant les sacrements et en se livrant à d'autres pratiques de dévotion, en l'honneur de la patrone commune de tous les chrétiens. Il adressait les mêmes recommandations au jeune clergé, de sorte que, si les sanctuaires établis dans les différents lieux de pèlerinage en l'honneur de Marie, sont encombrés de fidèles, à l'occasion des fêtes précitées, on peut dire que l'abbé Mühe a puissamment contribué, par lui-même et par ceux qui ont subi son utile influence, à entretenir et à répandre une si salutaire coutume.

Tous les catholiques connaissent l'Archiconfrérie du *Cœur immaculé de Marie* établie, à Paris, dans l'église de Notre-Dame-des-Victoires, par feu l'abbé Desgenettes. Le but de cette Archiconfrérie est la conversion des pécheurs. L'idée en fut suggérée au pieux fondateur par la vue du grand nombre de gens qui vivent, au sein de la capitale, sans Dieu et sans foi, et qui croupissent dans les vices qui sont les fruits naturels de l'ignorance ou de l'impiété. Cette sainte association se développa merveilleusement, lorsque l'on apprit, de toutes parts, les remarquables conversions dont elle fut l'instrument et qui sont constatées dans des bulletins périodiques. Aujourd'hui elle compte un grand nombre d'affiliations tant en France que dans d'autres pays. L'abbé Mühe avait un zèle trop ardent pour la gloire de Dieu et l'honneur de Marie, pour ne pas contribuer à la diffusion d'une telle œuvre. Aussi, dès qu'elle eut été reconnue et constituée canoniquement, se mit-il en rapport avec son fondateur qui lui accorda l'autorisation d'établir, dans le diocèse de Strasbourg, une affiliation à cette salutaire Archiconfrérie.

Un autre indice de sa piété envers Marie fut le soin avec lequel il faisait collection de tous les objets se rapportant à son culte. Les gravures, les peintures, les sculptures plus ou moins artistement exécutées, les médailles, les chapelets, les images emblématiques, les reliques, se rencontraient chez lui en abondance.

XIV.

SOUFFRANCES PHYSIQUES ET MORALES DE L'ABBÉ MÜHE.

Nous avons fait observer (§ VIII) que l'abbé Mühe resta affligé d'une infirmité, à la suite de la maladie qui, en 1821, avait failli l'enlever à l'affection des catholiques de Strasbourg. Cette infirmité consistait en une descente qui, par l'absence des ménagements convenables, prit peu à peu un développement extraordinaire, lui causa fréquemment d'horribles coliques, le condamna à une diète sévère et continuelle, ainsi qu'à une abstention complète d'un grand nombre d'aliments. Pour pouvoir vaquer à ses fonctions, il portait habituellement un bandage dont la forte pression le gênait dans tous ses mouvements. Cette infirmité se compliqua d'une constipation chronique. Pendant près de quarante ans, il n'eut que des évacuations artificielles. Pour se les procurer, il épuisa, en quelque sorte, le répertoire des remèdes inventés contre le mal dont il souffrait. Quelle pénible et quelle fâcheuse sujétion pour un homme dont les moments étaient si précieux et les occupations si nombreuses! Cependant l'abbé Mühe supporta ces longues et douloureuses infirmités avec une telle patience et un tel courage, que des milliers de personnes, qui le voyaient habituellement, ignoraient qu'il en fût atteint.

Aux souffrances physiques se joignirent des souffrances morales de plus d'un genre. Cette sorte de souffrances est, au reste, le partage de tous ceux qui ont à cœur la diffusion de la vérité et l'affermissement du règne de Dieu sur la terre. Aussi saint Paul compte-t-il au nombre des maux qui l'affligeaient, et dont il fait l'énumération, les soucis que lui causaient les Églises, et il se glorifie d'accomplir dans sa chair ce qui manque aux souffrances du Christ.

Parmi les causes d'affliction de l'abbé Mühe, nous en signalerons deux principales : la profanation du jour du Seigneur, qui prend de jour en jour de plus grandes proportions, et l'attachement opiniâtre de nos frères séparés aux erreurs de la prétendue Réforme.

Jamais l'abbé Mühe ne prêchait avec plus d'animation, d'onction, d'énergie, et quelquefois de sainte exaspération, que lorsqu'il parlait sur la sanctification du dimanche. C'est le sujet qu'après celui de la passion de Jésus-Christ, il a le plus souvent traité. Il fallait l'entendre attribuer, et avec raison, au mépris que professent tant d'hommes pour les prescriptions du troisième commandement de Dieu, les maux qui fondent, tour à tour, sur des royaumes, des provinces, des villes, des villages, des familles, des individus. Les menaces du Seigneur contre les violateurs du sabbat retentissaient dans sa bouche, éclatantes comme le roulement du tonnerre. Il mettait en scène, avec cet art qui lui était propre, les événements qui, dans la succession des siècles chrétiens, ont fait ressortir l'énormité de leur crime. Plus d'une fois son auditoire fut glacé d'effroi à la vue des terribles vengeances que le Dieu irrité a exercées contre ceux qui, non contents de mépriser, de leur personne, la loi divine, empêchaient encore une foule de chrétiens de l'observer.

Un fait, qui ne doit point passer inaperçu, révèle toute l'horreur que lui causaient les transgressions, devenues habituelles pour un grand nombre de chrétiens, de cet important précepte du décalogue que Dieu daigne commenter lui-même avec les plus minutieux détails. Les personnes qui vivaient plus ou moins dans son intimité, ont pu observer que jamais on ne put le décider à faire la moindre course en chemin de fer, ne fût-ce que pour avoir une idée de ce nouveau genre de locomotion. Cette antipathie, que quelques-uns taxaient d'originalité, avait un motif surnaturel. Il prévoyait que les chemins de fer deviendraient tôt ou tard une cause de la violation du sabbat. Les événements n'ont pas tardé à justifier ses prévisions. Les trains de plaisir, qui se multiplient d'une manière effrayante et menacent de devenir réguliers, les jours de dimanche et de fête, ne sont-ils pas une invitation indirecte à la transgression de la loi qui ordonne de sanctifier ces jours? Combien de chrétiens, qui étaient dans l'habitude de s'y vouer à des œuvres de religion, se laissent détourner de leur église, ou se contentent d'y faire une courte apparition, alléchés par la réduction des prix et par l'appât du plaisir? Les réflexions de l'abbé Mühe portaient encore plus loin. Il voyait dans ces trains de plaisir un danger matériel pour les ouvriers, car ils y trouvent une occasion de dépenses doubles, peut-être triples, de celles qu'ils feraient en se contentant, comme autrefois, d'une promenade hors ville, avec leurs femmes et leurs enfants, et en se donnant le repos réclamé par leurs membres si fatigués pendant la semaine.

Puissent ces réflexions de l'abbé Mühe être favorablement accueillies de toutes les personnes qui, par leur position, sont à même d'empêcher que la somme des avantages que procurent les chemins de fer soit, au point de vue religieux et moral, notablement supérieure a celle des préjudices qu'ils peuvent causer !

L'autre cause des souffrances morales de l'abbé Mühe était l'obstination des partisans de la prétendue Réforme.

Ses dispositions envers les protestants n'avaient rien qui tînt de l'animosité : c'était tout simplement de la compassion. Il ne les haïssait pas ; il les plaignait. Tout le monde a pu remarquer que, malgré la véhémence avec laquelle il défendait l'Église catholique contre leurs attaques, malgré la sainte indignation avec laquelle il relevait les calomnies dont cette Église continue d'être l'objet de leur part, il ne se servait jamais d'expressions triviales ou injurieuses. La seule chose qu'il se permît, c'était, quand l'occasion s'en présentait, de renforcer par une ironie fine les arguments écrasants qu'il leur opposait. Il parlait avec estime de quelques-uns de ses professeurs du gymnase et les saluait le premier lorsqu'il les rencontrait. C'est, entre autres, le procédé qu'il observa à l'égard du professeur *Bronner*. Il était extrêmement poli à l'égard des protestants avec lesquels le hasard ou son ministère le mettait en rapport, et notamment avec ceux qui, après avoir contracté un mariage mixte, se montraient fidèles aux promesses qu'ils avaient faites au pied des autels. Quand il ne pouvait rien gagner, il ne voulait non plus rien perdre. Il déplorait amèrement la division religieuse, et soupirait ardemment après la réunion. Malheureusement ses vœux ne paraissent pas sur le point de se réaliser. Pour qu'un événement aussi consolant devînt possible, il faudrait que le protestantisme ne fût pas divisé pour ainsi dire à l'infini. S'il formait une société religieuse compacte, on pourrait tenter des négociations. Les travaux sérieux qui ont été exécutés dans le siècle présent, en histoire, en théologie, en exégèse, suffiraient pour remuer des esprits avides de vérité chrétienne. Mais le catholicisme a devant lui trois adversaires dont chacun se fractionne et se divise à perte de vue. Jamais on ne pourrait ramener les protestants en masse ; on ne peut convertir que des individus. Le protestantisme actuel ressemble à ces villes prises d'assaut, dans lesquelles il faut faire le siége de chaque maison.

Lorsque saint Augustin combattait les Manichéens et les Donatistes ; lorsque saint Dominique prêchait contre les Albigeois, ils avaient à faire à des sectes composées d'éléments homogènes. S'ils avaient le bonheur de convaincre l'un des chefs de la secte, celui-ci ne rentrait pas seul dans le sein de l'Église, mais suivi par des milliers d'adhérents entraînés par son exemple et surtout par l'autorité qu'il s'était acquise parmi eux. C'est ainsi que des sectes considérables ont pu être entièrement éteintes. Il n'en est pas de même du protestantisme qui n'est guère composé que de parties hétérogènes, et qui ne reconnaît aucun chef. On a vu, dans ce siècle, des protestants éminents, que de longues études avaient convaincus d'erreur, se convertir et revenir à l'Église sans même être accompagnés des membres de leur famille. Ceci seul prouverait au besoin que l'église protestante, si toutefois on peut l'appeler église, après qu'il a été démontré qu'elle ne forme point une société réelle, n'est point et qu'elle ne saurait être l'église du Christ. Car le Sauveur ne tolère pas plus la désunion, en matière de foi, dans la masse de ses disciples, qu'il ne l'aurait tolérée dans le collége de ses apôtres. La vérité est une; sitôt qu'elle cesse d'être une, elle cesse d'être la vérité.

Pour ne parler que des protestants de Strasbourg, on peut dire qu'ils forment trois catégories principales, quoique les membres de ces catégories ne soient point d'accord entre eux : celle des *rationalistes*, celle des *indifférents* et celle des *piétistes*.

Les rationalistes sont difficiles à ramener. En effet, des hommes divisés de croyance ne peuvent parvenir à s'entendre qu'en partant d'un premier principe commun. Or, les protestants rationalistes ne croyant ni à une révélation surnaturelle ni à la divinité de Jésus-Christ, le point de départ chrétien, pour raisonner avec eux, fait complétement défaut. Il faudrait argumenter avec eux comme les Pères des premiers siècles argumentaient avec les philosophes païens.

Les indifférents ne sont guère plus faciles à convertir. Superficiels en doctrine religieuse, n'ayant aucun principe fixe, exclusivement occupés de leurs intérêts temporels, souvent aussi de leurs plaisirs, ils sont paresseux pour tout examen sérieux, antipathiques à toute discussion.

Arrivons à la troisième catégorie, celle des piétistes, auxquels se rattachent ceux qui se piquent encore d'être luthériens. Comme ils font profession de croire en Jésus-Christ comme vrai Fils de Dieu, il semble qu'on devrait pouvoir s'entendre. Mais il existe un obstacle qui n'échappera à aucun esprit attentif. C'est dans cette catégorie que se sont refugiés, que subsistent dans toute leur force, et que se perpétuent les préjugés et les calomnies contre la religion catholique. C'est là que se manifeste encore contre le catholicisme ce sentiment qui ressemble à la *haine*. C'est à cette catégorie qu'appartiennent ces zélateurs et ces zélatrices qui s'introduisent chez les malades catholiques pour les faire apostasier, avant leur mort, sous prétexte qu'ils ne pourront pas se sauver dans une religion d'idolâtrie, et qui vont à la chasse de pauvres soldats catholiques pour arracher de leur âme la foi de leurs pères. Ce sont là des faits notoires.

Veut-on des preuves écrites? Qu'on lise une brochure allemande récemment publiée. Elle a pour titre : « *Die Kirche Sankt-Aurelien in Strasburg*» et a été composée à l'occasion du jubilé de la construction de cette église. L'auteur, G. Heinemann, ancien professeur de calligraphie au Gymnase, y réchauffe, pour les bons jardiniers du canton Ouest, les plus odieuses calomnies contre la religion catholique. Il leur présente comme des vérités incontestables des mensonges cent fois réfutés. C'est un homme qui n'a rien appris et rien oublié. S'il a suivi la polémique religieuse de son siècle, il est d'une insigne mauvaise foi ; s'il ne l'a pas suivie, que se mêle-t-il d'écrire sur la religion, à moins qu'il n'ait été lancé dans le public comme un brandon par des hommes qui rougiraient d'avancer de pareilles choses sous leur responsabilité personnelle? On doit porter le même jugement sur la plupart des traités populaires publiés par la *Wupperthaler Traktat-Gesellschaft etc.*, que des pasteurs n'ont pas honte de colporter en personne par la ville.

C'est par de tels moyens qu'on inspire de l'éloignement pour les catholiques à la partie encore un peu saine du protestantisme, afin de prévenir les conversions. Aussi voit-on les choses les plus étranges. Contrairement à la défense expresse de dire : «Je suis à Paul, et moi à Apollon, et moi à Céphas (I *Cor.* I, 12),» les piétistes s'attachent aux individus. Ce qu'il y a de plus singulier encore, c'est que ceux qui avilissent l'Église catholique sont obligés de la singer en plusieurs choses, pour se donner quelque apparence de zèle religieux et arrondir leur petit troupeau. Des pasteurs piétistes n'ont-ils pas introduit la confession contre laquelle les protestants ont vomi tant d'injures? L'institut des diaconesses n'est-il pas aussi une œuvre piétiste? Quelle pitié de reconnaître à un homme, qui se présente en son propre nom, une autorité qu'on dénie à l'Église à laquelle Jésus-Christ a dit : «*Qui vous écoute, m'écoute,*» et de découvrir le fond de sa conscience à des individus qui ne prouveront jamais qu'ils ont une mission divine, un caractère sacré, le pouvoir d'absoudre !

En présence d'une pareille situation, il ne nous reste qu'à gémir avec l'abbé Mühe. Adressons, comme lui, de ferventes prières à Dieu pour qu'il daigne ouvrir à la vérité les yeux de nos frères séparés.

XV.

DERNIÈRE MALADIE ET MORT DE L'ABBÉ MÜHE.

Le mois de Janvier 1865 devait clore la carrière du vénérable abbé. Le 22, dimanche de la Sexagésime, il parut pour la dernière fois dans sa chaire bien-aimée, portant dans son sein le germe de la maladie qui devait l'enlever. Pendant le Carême, il avait donné une série de sermons sur la foi, auxquels celui du 22 faisait suite. Il fit les plus grands efforts pour dissimuler la faiblesse dont il était atteint; et ces efforts en hâtèrent, sans aucun doute, le développement. Dans le courant de la semaine précédente, il avait fait son dernier cours de théologie pastorale avec un entrain qui ne présageait nullement une fin prochaine. Il avait traité du mariage qui, dans les pays mixtes, est si fertile en difficultés et en inconvénients.

Le 24, de graves symptômes se déclarèrent. Dans la matinée du 25, il fut pris de vomissements violents qui furent considérés comme de mauvais augure. Cependant le lendemain, il y eut une légère amélioration qui se soutint jusqu'au 29, et qui fit naître l'espoir de le conserver encore pendant quelque temps. Mais dans cette même journée les accidents fâcheux reparurent; le mal fit de rapides progrès, et le 3 février, entre deux et trois heures de relevée, le malade rendit son âme à Dieu. L'abbé Mühe avait eu un pressentiment de sa mort prochaine. Aussi demanda-t-il lui-même d'être administré et reçut-il, trois jours avant de quitter ce lieu d'exil, le saint viatique et l'extrême-onction avec cette foi ardente et cette tendre piété, avec lesquelles il avait traité les choses saintes pendant toute sa vie.

Pour l'édification des admirateurs, des amis, des élèves et des confrères du défunt, nous relaterons deux circonstances qui se sont produites dans sa dernière maladie.

Sauf les cas où son état exigeait absolument l'assistance d'autrui, il voulut presque constamment être laissé seul, afin de pouvoir mieux s'entretenir avec Dieu, régler, en quelque sorte, dès cette vie, ses comptes avec le juge suprême, et se préparer, par une dernière retraite au grand voyage de l'éternité. Pour ne pas contrevenir à une volonté si formellement manifestée, les personnes qui le soignaient durent se

contenter de le surveiller, à son insu, et deviner, au bruit de ses mouvements, s'il avait besoin de secours. Cet isolement volontaire, qui
fut cause que personne ne le vit mourir, faillit lui occasionner une
mort tragique. En effet, la veille de son décès, il lui arriva, dans un
de ces moments où des douleurs atroces lui faisaient faire des mouvements convulsifs, de tomber en bas du lit. Lorsqu'on le trouva se dé-
battant sur le plancher, et essayant de remonter sur sa couche, on
courut à son aide. Mais ce n'est qu'après des refus réitérés, et après
qu'un de ses neveux l'eut couvert d'un manteau, qu'il souffrit qu'on
le relevât.

Par l'emploi de moyens thérapeutiques on aurait pu atténuer les
vives douleurs qui marquèrent les derniers jours de sa vie. Mais, à
l'exemple de saint Pierre d'Alcantara, qui, dans ses maladies, ne se
laissait pas même toucher par le frère qui le servait, l'abbé Mühe ne
souffrit pas que son propre médecin lui fît les fomentations qui lui
auraient procuré quelques heures de repos. Il aima mieux mourir
au milieu des souffrances, comme le divin Sauveur dont il avait tant
de fois décrit les tourments.

Dès que le bruit de sa mort se fut répandu, on arriva en foule pour
contempler une dernière fois les traits du saint prêtre. La maison
mortuaire ne désemplissait plus. L'affluence fut si grande que la
famille dut requérir la présence de quelques sergents de ville pour
empêcher l'encombrement et le désordre qui pouvait en résulter. Il
était touchant de voir se succéder près de la dépouille mortelle de
l'apôtre de Strasbourg, ces troupes de fidèles qui témoignaient de leur
haute estime pour le défunt en faisant toucher à son corps toutes
sortes d'objets. Et ceux qui étaient assez heureux pour s'emparer d'une
parcelle de ses vêtements, ou d'une mèche de ses cheveux, ou de
quelque autre chose qui lui eût appartenu, se félicitaient comme s'ils
avaient trouvé un trésor. L'abbé Mühe avait la chevelure encore pas-
sablement fournie; mais les personnes qui virent son corps immédiatement avant la fermeture du cercueil, affirment qu'il n'emporta
pas un seul cheveu dans la tombe.

La foule étant devenue d'heure en heure plus compacte, on reconnut
l'impossibilité d'éviter un encombrement qui n'était pas sans danger.
Alors Mgr. de Strasbourg ordonna que le défunt fût déposé dans la
chapelle de saint André à la Cathédrale. Aussitôt des flots de personnes
de tout âge, de tout sexe, de tout rang, de toute condition envahirent
la chapelle mortuaire. Les unes priaient devant les restes vénérables,

les autres pleuraient; toutes s'approchaient comme pour graver plus profondément ses traits dans leur mémoire. On appliquait sur son corps des chapelets, des médailles, des crucifix, des livres de prières, des bagues, des mouchoirs. Plusieurs militaires le touchèrent avec leurs épées comme pour les rendre victorieuses, le cas échéant. C'était comme une canonisation de l'abbé Mühe par le peuple. Les catholiques ne furent pas les seuls qui donnèrent de pareilles marques de vénération. Beaucoup de protestants, mêlés à la foule, lui rendirent de semblables hommages. Puisse cette pieuse et courageuse démarche leur obtenir la grâce de revenir à cette Église, qui a engendré et formé celui pour lequel ils ont témoigné des regrets si respectueux !

Pour être complet, nous devons ajouter que plusieurs fidèles ont donné encore un plus grand essor à leurs sentiments. Nous connaissons des personnes qui, affligées depuis plusieurs années, de maladies sinon incurables, au moins rebelles à tous les traitements, se sont recommandées, avec un succès aussi heureux que prompt, aux prières de l'abbé Mühe. En le faisant, elles n'ont violé aucun principe catholique. En effet, l'Église nous défend d'honorer d'un culte public quelqu'un dont elle n'aurait point, après un examen juridique, constaté et proclamé la sainteté, quelque éminentes vertus et quelque éclatantes œuvres qu'il ait d'ailleurs pratiquées. Mais elle nous permet de recourir, en particulier, aux prières de nos chers défunts, lorsque, par la connaissance que nous avons de leur vie et de leur mort, nous sommes autorisés à les croire déjà en possession de la vie éternelle. Et quand ils ne le seraient pas encore, Dieu pourrait néanmoins récompenser notre confiance en nous accordant, en leur considération, les grâces que nous sollicitons. Le Seigneur ne déclara-t-il pas au coupable Salomon que son royaume ne serait point divisé de son vivant, par égard pour son père David ? Et lorsqu'il annonce aux Israélites, par la bouche de Jérémie, que, si Moïse et Samuël intercédaient pour eux, il ne les écouterait pas, n'insinue-t-il pas que, dans d'autres circonstances, ces grands et saints personnages leur ont été et pourront de nouveau leur être utiles ? Cependant ni Moïse, ni Samuël, ni David n'étaient encore au ciel.

XVI.

FUNÉRAILLES DE L'ABBÉ MÜHE.

Les funérailles de l'abbé Mühe furent dignes de sa vie et de sa mort. Le 6 février, jour où elles furent célébrées, tout Strasbourg fut en mouvement dès le grand matin. De tous les quartiers on vit accourir vers la Cathédrale des hommes, des femmes, des jeunes gens, des jeunes filles, des enfants, la plupart en toilette de dimanche. Une foule d'ouvriers de toutes professions avaient demandé un congé à leurs patrons, et un grand nombre de maîtres avaient fait le sacrifice d'une partie de leur journée de travail. Pendant que ces troupes de fidèles se dirigeaient vers le lieu du rendez-vous, et que les élèves des séminaires, de l'école normale et d'autres établissements, ainsi que les membres de différentes congrégations se pressaient d'arriver, les chemins de fer amenaient le contingent extérieur, consistant en quelques centaines d'ecclésiastiques, jaloux de contribuer à rendre les honneurs suprêmes à celui qu'ils avaient respecté et chéri comme un père,

Parmi la nombreuse assistance qui stationnait dans les cours du grand séminaire, on apercevait M. le Maire, M. le Receveur général, beaucoup de fonctionnaires de diverses administrations et des militaires de tout grade. Quant au clergé local, il n'était pas simplement représenté ; il s'y trouvait à peu près au complet, car aucun de ses membres n'eût voulu se dispenser, sans le plus grave empêchement, d'accompagner à sa dernière demeure celui qui avait été leur ami commun. L'attitude générale était celle de la vénération et des regrets.

A l'heure indiquée le défilé commença. En avant du cercueil, sur lequel son camail figurait pour la première fois, marchaient un détachement d'orphelins, l'association des ouvriers, la congrégation des bourgeois, la confrérie du Bon-Pasteur, une partie des élèves du petit séminaire et du collége Saint-Arbogast, et le personnel tout entier du grand séminaire et de l'école normale. Une grande partie de ce cortége occupait déjà sa place à la cathédrale, que les derniers rangs se formaient encore dans le lieu du départ.

Le convoi qui suivait le cercueil était d'un aspect encore plus touchant. Excepté un nombre relativement petit de présences officielles, il se composait exclusivement d'assistants accourus spontanément, mais si nombreux, que la nef de la basilique ne fut pas assez vaste pour les contenir tous. Beaucoup d'entre eux durent se résigner à stationner, pendant l'office funèbre, sur la place, par une température froide et humide.

Le convoi offrait, de plus, l'image da la charité chrétienne. Les rangs s'y étaient confondus. Le riche marchait à côté du pauvre; le fonctionnaire était accompagné de l'artisan ; le prêtre allait de pair avec le militaire. Pour trouver un pendant à cette démonstration, il faut se reporter au jour où Mgr. Ræss revenant de Rome, se rendit à la cathédrale pour remercier Dieu de lui avoir accordé un heureux voyage, et communiquer à ses diocésains les impressions qu'il avait rapportées de la ville éternelle.

L'intérieur de la basilique offrait un ornement funèbre de plus que dans les circonstances analogues. La chaire que le vénérable défunt avait occupée pendant cinquante-deux ans portait le deuil. On était saisi et touché jusqu'aux larmes en voyant cette chaire, toute tendue de noir, qui semblait réclamer le doyen de tous les prédicateurs qui l'ont occupée depuis qu'elle est sortie, si riche et si gracieuse, des ateliers de l'architecte *Jean Hammerer,* en 1486.[1] L'officiant fut M. le chanoine Diemert; et Mgr. Ræss daigna faire l'absoute, ce qui était pour l'abbé Mühe une distinction posthume.

C'est après la cérémonie funèbre que la manifestation devint complète. Le défaut d'espace avait empêché la foule de se déployer. Lorsque le convoi quitta la cathédrale, le peuple s'était déjà porté en avant, avait envahi les rues qu'il devait parcourir et s'était formé en haies épaisses. La tête du cortége avait atteint la porte d'Austerlitz, que les derniers rangs n'étaient pas encore sortis du lieu saint. Ceux qui ont pu contempler, du haut de la tour de la cathédrale, la marche de ce convoi, ont été témoins d'un spectacle dont la lugubre magnificence n'a jamais eu sa pareille à Strasbourg.

Mais c'est au cimetière que la démonstration catholique atteignit son apogée. L'affluence fut extraordinaire. On s'étouffait presque, chacun voulant s'approcher le plus possible de la tombe qui devait

---

[1] Le premier qui monta dans cette chaire fut le fameux Jean Geiler, qui l'occupa pendant trente-deux ans consécutifs.

recevoir la dépouille de l'homme apostolique. Si donc l'abbé Mühe
n'a pas eu l'honneur de mourir dans la chaire de la Cathédrale, il
repose au moins à l'endroit où, du haut d'une chaire mobile, il a si
souvent évangélisé les fidèles. [1]

Il nous est pénible d'avoir à enregistrer un incident qui s'est produit
à l'occasion des funérailles de l'abbé Mühe. Une feuille protestante crut
ne pas pouvoir se dispenser de les mentionner dans sa chronique lo-
cale, et elle s'en acquitta en termes parfaitement convenables. Elle ne
put néanmoins s'empêcher d'ajouter un correctif au récit qu'elle en
fit, en disant, d'après des personnes qu'elle ne nomme pas, que, *depuis
l'inhumation du docteur (israélite) Ruef, il ne s'était point trouvé, dans
notre ville, d'aussi grande affluence à un enterrement.* Le but évident de
cette observation était d'atténuer, autant que possible, l'effet de la manifestation populaire, au moins pour les lecteurs qui n'en avaient pas
été personnellement témoins. Il y a là une maladresse flagrante et une
inexactitude qui ne paraît pas involontaire.

Une maladresse : en effet, en faisant une pareille remarque, cette
feuille avoue solennellement, ce qui n'était pour elle ni nécessaire, ni
opportun, que, de mémoire de Strasbourgeois, la société religieuse
protestante n'a produit aucun homme qui méritât d'être, après sa
mort, l'objet d'un si éclatant triomphe. Une inexactitude : le docteur
Ruef avait conquis, par sa loyauté et sa bienfaisance, l'estime des
hommes de tous les cultes; et il fut éminemment digne des démons-
trations de sympatie et de reconnaissance qui ont eu lieu lors de son
enterrement. Mais nous ne craignons pas d'être contredit en affirmant
qu'aucune des personnes qui ont assisté aux funérailles des deux défunts, si regrettés dans leurs sphères respectives, ne voudra soutenir la
parfaite ressemblance de ces deux événements. La feuille protestante
aurait donc agi sagement en se bornant à faire une description abrégée
de la cérémonie extérieure, si elle craignait que l'exposition du tableau
complet n'eût des inconvénients confessionnels pour ses abonnés *extra
muros.*

[1] Voy. § VIII.

XVII.

ORAISON FUNÈBRE DE L'ABBÉ MÜHE.

A l'occasion du décès d'un ecclésiastique ayant exercé le saint ministère à la campagne, c'est l'usage que, le jour de ses funérailles et en présence du corps, un confrère adresse une allocution aux paroissiens du défunt. Mais les oraisons ou éloges funèbres en forme, qui sont ordinairement prononcés quelque temps après la cérémonie de l'inhumation, sont des exceptions faites à la coutume, en faveur de personnages marquants soit par une haute dignité ou une position élevée, soit par des services extraordinaires rendus à leurs contemporains.

L'abbé Mühe fut l'objet d'une si honorable exception. Le 5 mars, premier dimanche de Carême, juste un mois après son décès, M. le chanoine Spitz, archiprêtre de la Cathédrale, prononça son éloge funèbre, en langue allemande, devant un immense auditoire qu'avait attiré l'annonce faite au prône du dimanche précédent. Ce discours, qui présentait un tableau animé des vertus et des œuvres du vénérable défunt et indiquait qu'elles avaient eu leur source dans sa grande piété, fut le digne couronnement de ses magnifiques funérailles. On en lira avec intérêt l'introduction qui contient aussi quelques renseignements inédits.

«*Heureux ceux qui meurent dans le Seigneur ! Dès à présent ils se reposeront de leurs travaux ; car leurs œuvres les suivent.* (Apoc. XIV, 13).

«Si un étranger se fût trouvé dans ce temple, il y a quatre semaines, heure pour heure, et qu'à la vue de l'innombrable multitude de personnes qui affluaient vers la chapelle de Saint-André, il eût demandé le motif et le but d'un rassemblement si extraordinaire, chacun de vous aurait pu lui répondre avec étonnement : Quoi? vous ne savez donc pas que notre bon abbé Mühe est mort avant-hier? Et puisque tous ceux qui l'ont connu, estimé, aimé, désirent contempler une dernière fois ses traits, notre vénérable Évêque a ordonné que son corps fût déposé dans cette chapelle. Si l'on accourt avec tant d'empressement, c'est plutôt pour le vénérer et réclamer son intercession qu'afin de prier pour lui; car tout le monde le regarde comme un saint. — Et qu'aurait dit un étranger, qui se serait arrêté dans notre

ville, de huit heures du matin à midi, s'il avait vu cet interminable convoi se rendant, au milieu d'un triste silence, du grand séminaire à la Cathédrale, puis de la Cathédrale au cimetière, à travers une épaisse haie de gens venus de tous les quartiers? Ne se serait-il point écrié : Dieu, quelles funérailles! Le défunt ne peut être qu'un homme d'un rang très-élevé ou d'une immense fortune. Chacun de vous lui aurait répondu : Vous êtes dans l'erreur. Ce n'était point un homme illustre et riche selon le monde; c'était un prêtre modeste et humble qui vivait pauvrement, afin de pouvoir faire des aumônes plus abondantes. — Il était du moins un haut dignitaire ecclésiastique, ou un chanoine, ou un curé de la ville? Pas davantage. Il est vrai qu'un canonicat, trois fois offert, fut trois fois refusé. Trois fois aussi il fut proposé pour une cure en ville, même pour celle de la Cathédrale; mais il ne put jamais se résoudre à accepter charge d'âmes. — Qu'était-il donc? Un simple prêtre, mais un prêtre plein de zèle qui s'immolait pour Dieu et pour le prochain, et qui fut, pendant plus d'un demi-siècle, vicaire et prédicateur allemand à la Cathédrale. Que ne l'avez-vous entendu! Il n'aura pas son pareil. Dans toute la ville il était connu, estimé, chéri des petits et des grands, des jeunes et des vieux, des riches et des pauvres, surtout des hommes et des jeunes gens pour lesquels il avait un amour de prédilection. Non-seulement personne n'en peut dire du mal, mais son éloge est dans toutes les bouches. Juifs, protestants, catholiques, tous le tiennent pour un homme de Dieu. C'est pour cela que prêtres et laïques sont en mouvement, et que vous voyez tant de monde aux fenêtres et dans les rues. Comme, pendant sa vie, il fuyait le faste et les distinctions, on lui rend, après sa mort, plus d'honneurs qu'aux grands de la terre et aux favoris de la fortune.... Ah, que ne peut-il reparaître dans cette chaire et y faire entendre, une dernière fois, sa voix puissante! «*O mes chers Stras-*
«*bourgeois, dirait-il, vous que j'ai si sincèrement et si tendrement aimés,*
«*auxquels je me suis si entièrement dévoué, pour qui j'ai si infatigablement*
«*travaillé, et pour le salut desquels je me suis sacrifié de si bon cœur : soyez*
«*fermes dans la foi; demeurez inviolablement attachés à l'Église de Jésus-*
«*Christ; soyez fidèles dans le service du Seigneur. Songez combien il est*
«*doux de servir un tel maître, et de recevoir de lui sa récompense! Gardez*
«*ses commandements; fuyez le péché; ne reculez devant aucun sacrifice*
«*pour vous procurer une bonne mort. Heureux, oui, bienheureux ceux*
«*qui meurent dans le Seigneur! Leurs bonnes œuvres, leurs souffrances,*
«*leurs vertus les suivent, et des joies interminables, avec une gloire éter-*
«*nelle, seront leur partage.*»

CONCLUSION.

XVIII.

Dans le cours de cette biographie nous avons eu occasion de parler de Nos Seigneurs les Évêques, sous l'autorité desquels l'abbé Mühe a exercé le ministère de la prédication, ainsi que les autres fonctions sacerdotales, et nous avons fait observer que tous l'ont honoré de leur estime et de leur affection. Il est superflu de constater que le Prélat qui occupe actuellement la chaire épiscopale de Strasbourg, fut animé pour lui des mêmes sentiments. Mgr. Ræss, qui a connu l'abbé Mühe à toutes les époques de sa carrière si longue et si saintement laborieuse, l'a certainememment encore mieux apprécié que ses prédécesseurs. Aussi, lorsqu'il apprit le danger dans lequel il se trouvait, s'empressa-t-il de se rendre auprès du moribond pour le bénir, et avoir avec lui un dernier entretien. Nous sommes donc assuré d'avoir fait une œuvre agréable au Prélat, en essayant de faire connaître à la postérité la vie d'un prêtre qui a fait l'édification des générations actuelles, et nous prions Sa Grandeur de daigner agréer, avec l'hommage de notre plus profond respect, la dédicace de notre travail.

TABLE DES MATIÈRES.

Page